Guido Cocozza

I sette petali dell'anima: 54 storie Zen per l'armonia dei Chakra

ACCADEMIA VILLA MATRIX EDIZIONI

Introduzione

La via dello Zen e l'antica saggezza dei chakra rappresentano due percorsi che, pur provenendo da tradizioni differenti, convergono su un punto essenziale: la conoscenza profonda di sé e la realizzazione dell'armonia interiore. Questo libro nasce dall'idea di intrecciare questi due mondi in apparenza distanti, usando lo strumento potente della narrazione per guidare il lettore attraverso le energie dei sette chakra, ciascuno esplorato attraverso storie zen che ne incarnano le caratteristiche essenziali.

Nel viaggio della vita, i chakra possono essere considerati come tappe fondamentali che, partendo dalle radici della nostra esistenza, ci conducono fino alla cima della montagna della coscienza. Ogni chakra porta con sé un'energia particolare, un tema centrale che riguarda sia la nostra crescita personale sia il nostro rapporto con il mondo. Attraverso le storie, queste energie prendono forma, diventano vive e immediate, proprio come gli insegnamenti zen, che si manifestano spesso in immagini semplici, ma profonde, capaci di risuonare nella coscienza come verità universali.

Un cammino di risveglio attraverso i chakra

Il nostro viaggio ha inizio con il primo chakra, o Muladhara, il chakra della radice. È l'energia della stabilità, delle fondamenta sicure e del radicamento nella realtà fisica. Nel mondo dello Zen, questa forza è legata alla pratica dell'essere qui e ora, alla capacità di restare immobili e centrati anche di fronte alle tempeste della vita. Le storie zen che ci guidano attraverso Muladhara ci invitano a scoprire il significato del radicamento come fondamento per affrontare le difficoltà, rendendo la stabilità una base che ci sostiene.

Con il secondo chakra, Svadhisthana, si apre il mondo delle emozioni, della fluidità e del desiderio di connessione. Questo è il centro dell'identità emotiva, del piacere e della creatività, ed è qui che incontriamo le storie che parlano della vera natura del desiderio e della sua capacità di condurci verso una comprensione più profonda di ciò che cerchiamo. Come l'acqua che scorre senza opporsi alla forma del suo contenitore, anche noi impariamo a lasciar fluire le emozioni, evitando l'attaccamento e accogliendo la nostra vera natura.

Nel terzo chakra, Manipura, le storie esplorano il potere personale e la volontà. Situato nel plesso solare, questo chakra è legato alla nostra capacità di affermare chi siamo, di illuminare con fiducia il nostro cammino. I racconti ci aiuta a comprendere che il vero potere non si manifesta attraverso il controllo, ma emerge dalla forza interiore e dall'accettazione delle proprie vulnerabilità. Questa lezione zen ci insegna che la vera volontà è quella che non si impone, ma che agisce con saggezza e decisione, come il fuoco che brucia senza consumare.

Il quarto chakra, Anahata, rappresenta il cuore e l'amore incondizionato, la capacità di accettare sé stessi e gli altri senza riserve. Nei racconti, il messaggio zen ci parla della compassione e della gentilezza, della bellezza dell'aprirsi al mondo e dell'accogliere con autenticità. L'insegnamento ci guida verso la comprensione che il cuore non è solo il centro dell'amore, ma anche il luogo in cui sperimentiamo l'unità con tutto ciò che ci circonda. Anahata ci insegna a lasciare andare l'ego e a riscoprire la forza della tenerezza.

Attraverso il quinto chakra, Vishuddha, il chakra della gola e della comunicazione, le storie ci spingono a riflettere sulla verità e sull'autoespressione. Vishuddha è la voce autentica dell'essere, il luogo da cui emergono le parole e le idee che ci definiscono. I racconti esplorano l'importanza di una comunicazione pura, sincera e libera dai vincoli dell'ego. Come il suono che risuona in una campana, anche la nostra voce trova una vibrazione autentica quando è in armonia con la nostra verità interiore.

Nel sesto chakra, Ajna, noto anche come il terzo occhio, si apre la visione interiore e l'intuizione. Questa è la sede della saggezza e della comprensione profonda. I racconti zen per Ajna sono un invito a fidarsi dell'intuizione e a vedere oltre le apparenze, esplorando il sottile confine tra realtà e illusione. Qui capiamo che la visione non è solo quella fisica, ma è la capacità di percepire la verità nascosta dietro la superficie delle cose, una verità che appare solo quando si impara a guardare con gli occhi della mente e del cuore.

Infine, giungiamo al settimo chakra, Sahasrara, il chakra della corona, il portale verso la trascendenza e l'unione con il divino. Questo chakra ci collega all'universale, alla consapevolezza che tutto è uno, che siamo parte di un campo di energia più vasto. I racconti per Sahasrara ci invitano a comprendere che la vera illuminazione non è un allontanamento dalla vita, ma una realizzazione che abbraccia l'immanenza e la trascendenza, un equilibrio tra il mondo spirituale e quello materiale.

La saggezza dello Zen e dei chakra

Ogni storia di questo libro è un piccolo passo in un viaggio che parte dalle radici della nostra esistenza e ci porta fino alle vette della coscienza. Attraverso i racconti zen e la saggezza dei chakra, ogni lettore potrà trovare ispirazione per esplorare sé stesso, i propri ruoli e le proprie energie. Ciascun chakra rappresenta una tappa di crescita, e attraverso la lente dello Zen, ogni racconto diventa uno specchio che ci riflette l'essenza della nostra natura, invitandoci a trovare equilibrio, accettazione e armonia.

Iniziate questo viaggio con il cuore aperto e la mente libera. Queste storie sono un invito a esplorare non solo i misteri dei chakra, ma anche quelli della vostra stessa anima, avvicinandovi al senso profondo di essere umani e parte del grande mistero dell'esistenza.

1° Chakra

Primo Chakra – Muladhara: stabilità sacra e energia vitale

Un grande albero con radici profonde, nascoste sotto la terra, viveva su una collina. Questo albero sembrava immobile, ma la sua vita dipendeva proprio dalle sue radici. Ogni giorno, il vento soffiava tra le sue fronde e la pioggia bagnava i suoi rami. Alcuni alberi accanto a lui crescevano rapidamente verso il cielo, mentre altri si spezzavano nelle tempeste. Ma il grande albero rimaneva fermo, stabile, perché aveva imparato un segreto: le sue radici non si vedevano, ma lo nutrivano e lo sostenevano sempre.

Il nostro corpo e la nostra mente sono come quell'albero. La stabilità e la pace che cerchiamo nella vita non nascono dalle cose che vediamo in superficie: il denaro, la casa, il lavoro. Tutti questi sono solo rami. La vera forza viene da ciò che è nascosto alla vista, come le radici dell'albero. Nel nostro essere, queste radici prendono il nome di Muladhara, il primo chakra, o chakra della radice.

Muladhara significa 'radice e supporto', ed è situato alla base della colonna vertebrale. È la fondazione invisibile su cui si costruisce l'intero sistema del nostro corpo, della mente e dello spirito. Come l'albero trae nutrimento dalla terra, così noi riceviamo energia vitale dalla connessione con il mondo materiale: il cibo che mangiamo, le relazioni che ci sostengono e il senso di sicurezza che ci radica nel presente. Quando queste radici sono forti, possiamo affrontare tempeste e cambiamenti senza paura, sapendo che siamo stabili e sostenuti.

Ma se il nostro Muladhara è debole o bloccato, ci sentiamo come un albero senza radici. Ci agitiamo con ogni soffio di vento, perdiamo la direzione e iniziamo a vivere nel timore di non essere abbastanza. Quando non ci sentiamo radicati, possiamo diventare ansiosi, insicuri o ossessionati dal controllo. Pensiamo che il mondo sia sempre in pericolo, anche se non c'è alcuna tempesta.

Imparare a connettersi con il Muladhara è come ricordarsi di respirare in profondità quando il cuore è agitato. È un ritorno alla terra, al momento presente, al sentirsi al sicuro semplicemente perché esistiamo. Quando onoriamo questa radice invisibile, ci rendiamo conto che la sicurezza non viene dall'esterno, ma da dentro di noi.

Non cercate la stabilità nelle cose che cambiano. Prendetevi cura delle vostre radici. Respirate, camminate scalzi sulla terra e ricordate che siete sempre sostenuti, anche quando la vita sembra incerta. Come un albero con radici profonde, troverete la forza di crescere verso il cielo, senza paura di cadere.

"Ogni tempesta passa. Ma chi ha radici forti rimane."

.

Mira e il tempio della stabilità

Un insegnamento sul radicamento e la connessione con la terra

In un piccolo villaggio circondato da foreste lussureggianti viveva una giovane donna di nome Mira. Sin da piccola, aveva sempre cercato la sua strada nel mondo, ma spesso si sentiva persa e in balia delle circostanze. Un giorno, mentre passeggiava nei boschi, si imbatté in un antico tempio, abbandonato e avvolto da una vegetazione folta. Curiosa, decise di esplorarlo.

Entrando, si rese conto che il tempio era molto più di un semplice edificio: era un luogo sacro che emanava un'energia potente. Sentì un forte richiamo a radicarsi a quel posto e, spinta dall'istinto, si sedette sulle fondamenta di pietra. Chiuse gli occhi, inspirò profondamente e si concentrò sul suo respiro. Con ogni inspirazione ed espirazione, si sentì sempre più connessa alla terra sottostante, come se le radici di un albero affondassero nei terreni fertili del tempio.

Mentre meditava, una voce interiore le parlò: "Le tue fondamenta sono come quelle di questo tempio. Hai bisogno di stabilità e radicamento per affrontare le sfide della vita." Comprendendo il significato di quelle parole, Mira immaginò il chakra della radice alla base della sua colonna vertebrale. Visualizzò una luce rossa vibrante che si espandeva, portando forza e stabilità al suo essere.

Ogni respiro le infondeva una nuova energia, mentre si sentiva sempre più nutrita dalla terra. Ricordò che le radici di un albero crescono forti e profonde, cercando nutrimento e sostegno. Comprendendo questa lezione, si rese conto che anche lei doveva costruire le sue fondamenta, lavorando su se stessa con pazienza e coerenza.

Quando aprì gli occhi, una nuova consapevolezza la pervase. Tornò al villaggio con una sensazione di sicurezza e calma, pronta ad affrontare qualsiasi difficoltà con la forza interiore che aveva scoperto. Ogni volta che si sentiva sopraffatta, tornava al tempio per rinnovare il suo radicamento. Con il tempo, divenne un punto di riferimento per gli altri, insegnando loro a riconnettersi con la terra e con le proprie fondamenta interiori.

Morale e insegnamento della storia

La storia di Mira ci insegna una verità semplice e profonda: come un albero non può alzarsi verso il cielo senza radici profonde, così noi non possiamo affrontare le tempeste della vita senza una base stabile dentro di noi.

Mira ha trovato stabilità non cercando fuori, ma dentro se stessa. Il tempio abbandonato, coperto di erbacce, è come la nostra mente confusa e irrequieta. Se ci fermiamo e ascoltiamo il respiro, come ha fatto Mira, scopriamo che ciò che ci sembra un luogo abbandonato è in realtà pieno di forza e sostegno.

Non è necessario andare lontano per trovare rifugio. Il vero tempio è la nostra consapevolezza. Ogni volta che torniamo al nostro respiro, è come se ci sedessimo di nuovo sulle pietre sacre del tempio, radicandoci nella terra.

Se la vita vi scuote come un forte vento, non resistete. Prendete esempio dagli alberi: essi non temono le tempeste perché hanno fiducia nelle loro radici. Così anche voi, quando siete in difficoltà, fermatevi, respirate, sentite la terra sotto di voi. Non c'è fretta. La stabilità non arriva tutta in un momento, ma cresce con la pazienza e la cura.

Quando troviamo il nostro radicamento, possiamo camminare nel mondo con passo fermo e cuore aperto. E come Mira, possiamo diventare esempio per gli altri, mostrando che la vera forza nasce da dentro.

Ogni respiro è un passo verso la stabilità, ogni passo è una radice che si affonda più a fondo. Il viaggio non è fuori di voi, ma dentro. Restate nel tempio del vostro essere, e scoprirete che tutto ciò di cui avete bisogno è sempre stato lì, con voi.

Lia e la fiamma della sopravvivenza

Un insegnamento sulla sopravvivenza

Una giovane donna di nome Lia viveva in un villaggio ai margini di una foresta. Sin da piccola, Lia aveva imparato a fronteggiare le sfide della vita. La sua famiglia aveva attraversato periodi di grande difficoltà, e ogni giorno era una lotta per trovare cibo e sicurezza. Crescendo in un ambiente di instabilità, Lia si era costruita un muro di difesa, sempre in allerta e pronta a reagire a qualsiasi minaccia.

Un giorno, mentre passeggiava nella foresta, Lia si sentì sopraffatta dalla tensione accumulata. Decise di fermarsi e chiudere gli occhi. Inspirò profondamente, permettendo all'aria fresca di riempire i suoi polmoni, e poi espirò lentamente. Con ogni respiro, iniziò a sentirsi più presente nel suo corpo, come se la terra sotto di lei la stesse accogliendo.

Immaginò di trovarsi in un rifugio sicuro, dove la sua energia vitale si diffondeva in ogni parte del suo essere. In quel momento di tranquillità, si rese conto che l'istinto di sopravvivenza era una fiamma interiore che bruciava costantemente in lei, un impulso fondamentale che le aveva permesso di affrontare le sfide quotidiane. Tuttavia, capì anche che quella fiamma, sebbene vitale, la teneva in uno stato di costante allerta e ansia.

Lia si ricordò di un episodio in cui una tempesta violenta aveva minacciato il suo villaggio. In quel momento, tutta la sua energia era stata canalizzata nella lotta per la sopravvivenza, lasciandole poco spazio per gioire delle piccole cose della vita. Riconobbe che, anche dopo la tempesta, la sua mente era rimasta bloccata nel passato, incapace di rilassarsi e godere di un nuovo inizio.

Dopo aver riflettuto su questo, Lia decise di lavorare sul suo primo chakra, il centro della sua sopravvivenza. Immaginò una radice forte e profonda che affondava nel terreno, ancorandola saldamente alla terra. Con ogni respiro, nutriva quella radice, sentendo crescere dentro di sé un senso di stabilità e sicurezza. Capì che, per prosperare, doveva affrontare e accettare le sue paure senza esserne dominata.

Col passare dei giorni, Lia iniziò a praticare questa connessione con la terra e il suo corpo. Scoprì che, quando si sentiva sicura e radicata, poteva esprimere la sua creatività e dedicarsi alle sue passioni senza paura. Iniziò a disegnare e a raccontare storie, utilizzando la sua esperienza di vita per ispirare gli altri.

Un giorno, decise di condividere le sue scoperte con gli abitanti del villaggio, invitandoli a unirsi a lei per meditare e rafforzare la propria connessione con la terra. Insieme, crearono un cerchio di sostegno, dove ognuno poteva condividere le proprie esperienze e riscoprire la propria fiamma interiore.

Morale e insegnamento della storia

Lia rappresenta ognuno di noi: affronta le sfide della vita con resilienza e determinazione. Ma, come lei ha scoperto, l'istinto di sopravvivenza può facilmente trasformarsi in un peso se non lo gestiamo con saggezza.

Riflessioni chiave dalla storia:

1. La fiamma della sopravvivenza: l'istinto di sopravvivenza è una forza vitale, ma può portare a uno stato di continua ansia e allerta. È essenziale riconoscerlo come una fiamma che brucia dentro di noi, ma dobbiamo anche imparare a controllarne l'intensità.

2. Radicamento e stabilità: Lia ha trovato la sua stabilità attraverso la meditazione e il radicamento. Immaginare radici profonde che ci collegano alla terra ci aiuta a sentirci sicuri e presenti. Questo esercizio ci invita a praticare la meditazione, a tornare al nostro corpo e alla nostra respirazione, specialmente nei momenti di difficoltà.

3. Espressione creativa: una volta che Lia ha trovato il suo equilibrio, è riuscita a esprimere la sua creatività. Questo ci ricorda che quando ci prendiamo cura delle nostre paure e delle nostre incertezze, possiamo dare vita a qualcosa di bello e significativo.

4. Comunità e sostegno: la decisione di Lia di condividere le sue scoperte con gli altri sottolinea l'importanza della comunità. La connessione con gli altri ci aiuta a sentirci meno soli nelle nostre lotte e ci permette di riscoprire la nostra fiamma interiore insieme.

La storia di Lia ci insegna che riconoscere e accettare le nostre paure è fondamentale per trovare la stabilità interiore. Coltivare una connessione profonda con la terra ci aiuterà a vivere in armonia con noi stessi e a realizzare il nostro potenziale.

La vita è un equilibrio delicato tra l'istinto di sopravvivenza e la capacità di vivere pienamente. Siate come Lia: affrontate le vostre tempeste, ma non dimenticate mai di gioire delle piccole cose e di nutrire la vostra creatività.

Marco e il demone della paura

Un insegnamento sulla paura

Un giovane di nome Marco viveva in una piccola città circondata da montagne imponenti. Sin da bambino, Marco aveva sempre avuto paura del buio e dei rumori strani della notte. La sua famiglia, purtroppo, viveva in un ambiente difficile, dove la paura sembrava essere l'unica costante. Questa ansia, radicata nel suo essere, lo accompagnava ogni giorno, facendolo sentire sempre in allerta.

Un giorno, mentre passeggiava nel bosco vicino a casa, Marco si sentì sopraffatto dalla paura. Ogni fruscio tra i rami lo faceva sussultare, e il battito del suo cuore si accelerava. Decise di fermarsi, chiudere gli occhi e respirare profondamente. Mentre l'aria riempiva i suoi polmoni, iniziò a immaginare di trovarsi in un luogo sicuro, un santuario in cui poteva esplorare i suoi sentimenti senza paura.

Mentre respirava, Marco cominciò a visualizzare la paura come un demone oscuro che lo seguiva ovunque. Questa creatura sembrava ingigantirsi ogni volta che si sentiva minacciato, rendendolo ipervigile e incapace di rilassarsi. Riconobbe che la paura era diventata la sua unica compagna, e che spesso lo spingeva a chiudersi in sé stesso.

Realizzò, però, che quella paura non era solo un nemico. Decise di osservare il demone più da vicino, chiedendosi da dove provenisse e quale fosse il suo scopo. Con pazienza, Marco comprese che il demone della paura era nato per proteggerlo, per avvertirlo dei pericoli. Ma ora, quel demone lo stava imprigionando, impedendogli di vivere la vita pienamente.

Mentre continuava a respirare, Marco si concentrò sul primo chakra, il centro della sua sicurezza e stabilità. Immaginò di rafforzare questa energia, creando radici forti che lo ancoravano alla terra. Cominciò a capire che, invece di fuggire dalla paura, doveva abbracciarla e integrarla nella sua vita. La paura, in fondo, era un'alleata sacra che gli stava insegnando l'importanza di prendersi cura di sé stesso.

Con il tempo, Marco iniziò a trasformare la sua paura in fede. Invece di temere il buio, cominciò a cercare la bellezza delle stelle che brillavano sopra di lui. Invece di fuggire dai rumori, iniziò a percepirli come parte di un concerto naturale. Con ogni passo, Marco si sentiva sempre più forte, pronto a affrontare le sfide della vita.

Un giorno, decise di raccontare la sua storia agli altri ragazzi del villaggio, spiegando come avesse imparato a vedere la paura non come un demone, ma come un maestro. I ragazzi lo ascoltarono con attenzione e, ispirati dal suo coraggio, iniziarono a condividere le loro paure, trovando conforto e sostegno reciproco.

Morale e insegnamento della storia

La storia di Marco è come uno specchio: riflette ciò che tutti incontriamo sul cammino della vita. La paura è una presenza costante, ma il modo in cui la trattiamo può trasformare il nostro destino.

Ecco le lezioni profonde che emergono da questa storia:

1. Guardare negli occhi il demone: Marco ci mostra che la paura diventa più grande quando cerchiamo di evitarla o scappare da essa. Solo fermandosi e respirando con calma, possiamo osservarla da vicino. La paura, come un'ombra, svanisce quando la illuminiamo con la luce della consapevolezza.

2. Il demone come protettore: spesso vediamo la paura come un nemico, ma Marco ha capito che essa era lì per proteggerlo. Non è la paura a intrappolarci, ma il nostro rifiuto di ascoltarla. Quando comprendiamo che è un'alleata, possiamo usarla per guidarci e imparare a prenderci cura di noi stessi.

3. Radicamento e sicurezza: Marco ha rafforzato la sua connessione con la terra attraverso il primo chakra. Anche noi, quando ci sentiamo persi o sopraffatti, possiamo tornare al nostro respiro e al nostro corpo. Radicarci ci dà la stabilità necessaria per trasformare la paura in una fonte di forza.

4. Trasformare la percezione: la vita è fatta di ombre e luci. Marco ha imparato a cercare le stelle nel buio e ad ascoltare la musica nei suoni della notte. Questo ci insegna che ogni paura nasconde una possibilità: vedere la bellezza e trovare significato anche nei momenti di incertezza.

5. Condivisione e sostegno: Marco non ha solo affrontato le sue paure, ma ha anche condiviso la sua esperienza con gli altri, creando uno spazio di sostegno. La condivisione libera dal peso della solitudine e ci ricorda che tutti affrontiamo sfide simili. Insieme, possiamo scoprire la forza per andare avanti.

La paura non è un ostacolo da eliminare, ma una guida da accogliere. Quando ci fermiamo ad ascoltarla, essa ci insegna a radicarci, a prenderci cura di noi stessi e a scoprire la forza che giace in noi. Accettando la paura come parte del nostro viaggio, impariamo a vivere in modo più autentico e consapevole.

La prossima volta che vi sentirete sopraffatti dalla paura, non scappate. Sedetevi accanto a lei, respirate, e chiedetele cosa ha da insegnarvi. In questo dialogo silenzioso, troverete la chiave per trasformare il timore in fiducia e vivere con serenità anche tra le ombre.

L'albero errante

Un insegnamento sull'importanza delle nostre origini

Un giovane albero di nome Niro cresceva su un terreno arido e pietroso. Le sue radici erano deboli e faticavano a trovare nutrimento. Ogni volta che il vento soffiava forte, Niro temeva di essere sradicato. Guardava con invidia gli altri alberi che crescevano rigogliosi su colline fertili e si chiedeva: "Perché io sono nato qui? Perché devo lottare così tanto per sopravvivere?"

Un giorno, dopo un temporale che aveva quasi strappato le sue radici dalla terra, Niro decise di partire. Con grande fatica, si sollevò e cominciò a camminare, lasciando il terreno dove era cresciuto. Pensava che, trovando un luogo migliore, avrebbe potuto finalmente mettere radici profonde e diventare forte.

Dopo un lungo viaggio, arrivò su una valle rigogliosa. Il terreno era soffice e umido, e altri alberi prosperavano tutt'intorno. Con entusiasmo,

Niro infilò le sue radici nel nuovo terreno, ma si accorse presto che non riusciva ad ancorarsi bene. Le sue radici, abituate a terreni duri e difficili, non sapevano adattarsi alla nuova terra. Più cercava di stabilirsi, più si sentiva instabile.

"Perché non riesco a crescere anche qui?" si chiese Niro, disperato. "Ho lasciato il mio passato dietro di me, ma ancora non mi sento saldo."

Un'antica quercia, che lo osservava da lontano, gli disse: "Le tue radici non possono crescere in nuovi terreni finché non fai pace con il luogo da cui vieni. Le esperienze difficili che hai vissuto ti hanno reso l'albero che sei oggi. Se non accetti le tue radici, continuerai a vagare senza trovare stabilità."

Quelle parole colpirono Niro. Capì che, per quanto doloroso, il terreno arido da cui proveniva faceva parte della sua identità. Decise di tornare lì, ma con un nuovo approccio: avrebbe esplorato quelle radici senza giudizio, riconoscendo che anche le difficoltà lo avevano nutrito e fatto crescere.

Quando tornò, si accorse che il terreno era lo stesso, ma il modo in cui lo percepiva era cambiato. Invece di lottare contro le sue radici, iniziò a sentire gratitudine per la forza che quelle sfide gli avevano dato. Con ogni respiro, le sue radici si approfondivano e, piano piano, trovavano nutrimento nascosto tra le rocce.

Col tempo, Niro divenne un albero forte e maestoso, capace di affrontare qualsiasi tempesta. Non era perfetto, ma aveva imparato che la stabilità non si trova fuggendo dal passato, ma accettando e integrando ogni parte della propria storia.

Morale e insegnamento della storia

La storia di Niro, l'albero errante, racchiude insegnamenti profondi sulla crescita, l'accettazione e la connessione con le nostre origini.

1. L'importanza delle radici: Niro, il giovane albero, scoprì che le sue

radici, anche se fragili e deboli, erano parte integrante della sua identità. Le radici rappresentano la nostra storia, le nostre esperienze e le sfide affrontate. Senza di esse, non possiamo svilupparci pienamente. È essenziale accettare ciò che siamo e da dove veniamo.

2. Il viaggio verso la crescita: Niro pensava che, cambiando ambiente, avrebbe trovato la forza. Tuttavia, il vero cambiamento non avviene fuggendo, ma piuttosto riconoscendo e abbracciando il nostro passato. La crescita autentica si verifica quando siamo in pace con le nostre esperienze, anche quelle difficili.

3. L'accettazione delle difficoltà: le difficoltà di Niro non erano solo un peso; erano insegnamenti preziosi che lo avevano formato. Ogni sfida che affrontiamo può diventare una fonte di forza e saggezza. Riconoscere la bellezza e il valore delle nostre cicatrici ci permette di nutrirci e crescere.

4. La trasformazione attraverso la consapevolezza: quando Niro tornò al suo terreno d'origine con una nuova consapevolezza, iniziò a percepirlo in modo diverso. La nostra prospettiva può cambiare tutto. Quando accettiamo le nostre radici, possiamo trovare nutrimento anche nei luoghi più inaspettati e difficili.

Non rinnegate mai il vostro passato; esso è la base su cui costruirete il vostro futuro. Accettate le vostre radici, anche quelle che sembrano aride e pietrose, e riconoscete il potere che esse vi conferiscono. Solo così potrete affrontare le tempeste della vita con grazia e stabilità. Ogni esperienza, ogni sfida, è un passo nel vostro cammino verso la maestosità. Come Niro, diventate alberi forti e resilienti, capaci di affrontare qualsiasi vento.

Il cervo smarrito

Un insegnamento sul legame sacro con la terra

In una foresta lontana viveva un giovane cervo di nome Arya. Arya era agile e veloce, sempre in movimento. Correva da un luogo all'altro, inseguendo il fruscio delle foglie e i riflessi del sole. Ma, nonostante la sua vivacità, Arya si sentiva spesso inquieto. Ogni tanto si perdeva tra i cespugli o si allontanava troppo dalla sua famiglia, e questo lo faceva sentire confuso e vulnerabile.

Un giorno, dopo essersi smarrito ancora una volta, Arya incontrò un vecchio saggio: una tartaruga di nome Tama. La tartaruga viveva in una piccola radura, circondata da alberi con radici possenti. Quando Arya si lamentò della sua confusione e del suo senso di instabilità, Tama lo ascoltò pazientemente e poi gli disse:

"Tu corri sempre, giovane cervo, ma non hai ancora imparato come stare fermo. La stabilità non si trova nel movimento, ma nella capacità di essere presente e radicato."

Arya non capiva. "Ma io sono nato per correre," replicò. "Come può la fermezza aiutarmi se la mia natura è muovermi?"

Tama sorrise. "La velocità è utile solo se sai da dove parti e dove vuoi andare. Senza radici, ti perderai sempre. Guarda gli alberi attorno a noi: non si spostano, eppure traggono forza e nutrimento dalle loro radici. Anche tu, pur correndo, devi imparare a essere connesso al tuo centro. Questo ti permetterà di muoverti senza smarrirti."

La tartaruga invitò Arya a rimanere con lei per qualche giorno. "Prova questo: stai fermo. Respira. Sentiti parte della terra su cui poggi."

All'inizio Arya trovò difficile stare immobile. Si agitava, ansioso di riprendere a correre. Ma pian piano, seguendo le parole della tartaruga, iniziò a respirare più profondamente e ad ascoltare i suoni della foresta: il fruscio del vento tra le foglie, il canto degli uccelli, il suono ritmico del suo stesso cuore.

In quel momento, Arya provò qualcosa di nuovo: un senso di calma e stabilità. Sentì come se invisibili radici lo ancorassero al terreno. Non era più preoccupato di dove fosse o di dove avrebbe dovuto andare. Era semplicemente lì, nel momento presente, e questo gli dava sicurezza.

Quando finalmente fu pronto a riprendere il suo cammino, Arya si sentiva diverso. Anche correndo, era consapevole del contatto dei suoi zoccoli con il suolo e del ritmo del suo respiro. Non aveva più paura di perdersi, perché sapeva che, ovunque fosse, poteva sempre tornare al suo centro interiore.

Morale e insegnamento della storia

La storia di Arya, il giovane cervo smarrito, e del saggio Tama, la tartaruga ci offre importanti insegnamenti sulla vita e sul nostro viaggio interiore.

1. La velocità non è sempre la risposta.
Arya correva incessantemente, ma si sentiva confuso e vulnerabile. La

vita moderna ci spinge a muoverci rapidamente, a raggiungere traguardi e a rispondere a mille stimoli. Tuttavia, come Arya ha imparato, la vera saggezza sta nel riconoscere che a volte è necessario fermarsi per comprendere meglio noi stessi e il nostro cammino.

2. L'importanza di essere radicati.
Tama, la tartaruga, insegna ad Arya che le radici sono fondamentali. Essere radicati significa avere una connessione profonda con noi stessi e con il mondo che ci circonda. Quando siamo consapevoli del nostro centro, possiamo affrontare le sfide della vita con sicurezza, anche se ci muoviamo rapidamente.

3. Il valore del momento presente.
Durante la sua esperienza con Tama, Arya scopre la calma e la stabilità che derivano dall'essere presente. La paura di smarrirsi svanisce quando impariamo a vivere qui e ora. Ogni passo che facciamo, anche nella corsa, può essere un atto di consapevolezza se siamo attenti a ciò che ci circonda.

4. La trasformazione attraverso la pratica.
Arya inizialmente trova difficile rimanere fermo, ma con il tempo e la pratica, inizia a sentirsi più saldo. La trasformazione personale richiede tempo e impegno. Dobbiamo essere disposti a provare nuove esperienze e ad affrontare le nostre paure per crescere e migliorare.

Ricordate che, anche nel movimento frenetico della vita, possiamo sempre trovare la nostra calma interiore e il nostro centro. Non temete di fermarvi e ascoltare il vostro cuore; è in quel silenzio che troverete le risposte di cui avete bisogno. Ogni passo che fate, anche nel correre, può essere un'opportunità per essere presenti e connessi. Così come Arya ha scoperto, anche voi potete imparare a muovervi nel mondo con sicurezza e consapevolezza.

La pianta che non sapeva crescere

Un insegnamento sull'essenza divina del sostentamento

In un giardino nascosto tra le colline viveva una piccola pianta di nome Luma. Le sue foglie erano deboli, e il suo fusto piegava verso il terreno come se non avesse la forza di stare dritto. Ogni giorno vedeva le altre piante attorno a lei crescere alte e rigogliose, ma non importava quanto si sforzasse: non riusciva a raggiungere la luce del sole.

Un giorno, un saggio giardiniere si avvicinò a Luma. Notando la sua fragilità, le chiese con gentilezza:
"Perché non assorbi il nutrimento che la terra ti offre?"

Luma sospirò. "Non so come fare," disse. "E se non fossi abbastanza importante per meritare questa terra e questo sole? Forse non ho il diritto di crescere come le altre piante."

Il giardiniere si inginocchiò accanto a lei, scavando delicatamente attorno alle sue radici. "Vedi, piccola pianta, la terra è qui per te così come per tutte le altre. È un dono per ogni creatura. Ma devi permettere alle tue radici di penetrare a fondo e accettare il nutrimento senza timore o vergogna."

Luma rimase in silenzio. Non aveva mai pensato che accettare aiuto fosse qualcosa di naturale e necessario. Credeva che crescere significasse fare tutto da sola, senza bisogno di chiedere.

Il giardiniere continuò: "Non devi dimostrare di valere qualcosa per ricevere ciò che ti serve. Tu hai il diritto di esistere, proprio come tutti gli esseri in questo giardino. Il nutrimento non è solo un bisogno fisico, ma anche un riconoscimento della tua importanza e del tuo posto nel mondo."

Con queste parole, Luma iniziò a rilassare le sue radici, lasciandole affondare più in profondità nella terra. Sentì per la prima volta l'umidità e i nutrienti salire attraverso il suo piccolo fusto. Le foglie cominciarono a rinvigorirsi, e un leggero tepore dal sole la avvolse.

Col passare dei giorni, Luma divenne più forte. Non divenne la pianta più alta del giardino, ma la sua crescita era stabile e sana. Aveva finalmente capito che ricevere sostegno non era un segno di debolezza, ma di saggezza.

Morale e insegnamento della storia

La storia di Luma ci insegna una verità profonda: crescere non è uno sforzo individuale, ma un atto di apertura e accettazione. Come esseri viventi, non dobbiamo lottare per dimostrare il nostro valore o il nostro diritto di ricevere sostegno. Il sole splende e la terra offre il suo nutrimento a chiunque accetti di riceverlo.

La crescita autentica non avviene nella solitudine del fare, ma nella saggezza dell'essere. Ricevere nutrimento, sia esso fisico, emotivo o spirituale, non è un segno di debolezza. Al contrario, è un segno di radicamento e fiducia nella nostra stessa esistenza.

Luma ha imparato che lasciare affondare le radici non è arrendersi, ma trovare la propria stabilità. Quando ci permettiamo di essere nutriti dal mondo, senza vergogna o paura di non essere abbastanza, diventiamo ciò che siamo destinati a essere.

Non dovete dimostrare di meritare la vita o l'amore per riceverli. La vostra esistenza è già una testimonianza di valore. Apritevi, radicatevi, e lasciate che la vita vi sostenga.

Il ceramista e la sua libertà

Un insegnamento sui limiti e la libertà

Elio, un artista innamorato della libertà, non sopportava l'idea di limiti o vincoli e si rifiutava di seguire orari o regole. Ogni giorno sperimentava nuove attività: un giorno suonava la chitarra, il giorno dopo dipingeva quadri, e talvolta provava a fare sculture con l'argilla. Tuttavia, ogni volta che iniziava qualcosa, si annoiava in fretta e abbandonava il progetto per inseguire un'altra idea brillante.

Elio credeva che la vera felicità fosse vivere senza confini, libero di esplorare tutto ciò che voleva. Tuttavia, con il passare del tempo, iniziò a sentirsi perso e frustrato. Non aveva mai completato un'opera e, senza un lavoro stabile, faceva fatica a pagare l'affitto e mettere in tavola un pasto regolare. Ogni tanto si chiedeva se quella fosse davvero la libertà che aveva sempre desiderato.

Un giorno, mentre passeggiava in un mercato, Elio incontrò un anziano ceramista, Maestro Pietro, che stava modellando vasi con calma e maestria. Affascinato, Elio si avvicinò e osservò come il maestro lavorava con dedizione, plasmando ogni pezzo con precisione e pazienza.

"Come fai a fare sempre la stessa cosa senza annoiarti?" chiese Elio.

Il maestro sorrise. "Il segreto non è evitare i limiti, ma abbracciarli. Vedi, lavorare l'argilla richiede disciplina. Devo accettare i confini del materiale: se cerco di fare troppo in fretta, il vaso si rompe. Se aggiungo troppa acqua, l'argilla diventa molle. Solo rispettando queste regole posso creare qualcosa di bello e duraturo."

Elio ascoltava attentamente. Pietro continuò: "La vera libertà non viene dall'evitare i limiti, ma dal padroneggiarli. Quando mi siedo ogni giorno al mio tornio e mi dedico a questo lavoro, creo qualcosa di concreto. Ogni vaso che finisco mi dà la stabilità di cui ho bisogno per vivere bene, e questa stabilità mi permette di esplorare nuove idee e sogni."

Quelle parole toccarono qualcosa dentro Elio. Per la prima volta capì che i limiti non erano nemici della libertà, ma il terreno su cui essa poteva fiorire. Decise allora di concentrarsi sull'arte della ceramica. Iniziò a frequentare la bottega di Pietro, imparando giorno dopo giorno a lavorare con l'argilla. All'inizio fu difficile: rimanere fermo al tornio per ore gli sembrava opprimente. Ma con il tempo, la pratica costante gli portò soddisfazione e serenità.

Col passare dei mesi, Elio realizzò la sua prima collezione di vasi. Li vendette al mercato e con il ricavato riuscì a pagare l'affitto e riempire il frigorifero. Si sentiva più libero che mai, non perché era sfuggito ai limiti, ma perché aveva imparato a lavorare con essi. Ora aveva lo spazio e la stabilità per seguire i suoi sogni, senza essere bloccato dalla paura di non farcela.

Morale e insegnamento della storia

La storia di Elio ci svela un insegnamento prezioso: la libertà autentica non consiste nel fuggire dai limiti, ma nel saperli abbracciare e trasformare in una via di espressione. La mente ribelle spesso crede che eliminando confini si possa trovare la pace, ma in verità, la libertà nasce dall'armonia tra l'azione e il vincolo.

Il maestro Pietro ci mostra che lavorare con la materia della vita, come l'argilla sul tornio, richiede disciplina, pazienza e rispetto per ciò che è. Quando resistiamo ai limiti, ci disperdiamo; quando li accogliamo, diventiamo strumenti di creazione. Così come il ceramista trova gioia nel plasmare un vaso rispettando le leggi dell'argilla, anche voi potete trovare serenità accettando le forme che la vita vi offre.

Immaginate un fiume: scorre libero non perché ignora le rive, ma perché fluisce seguendo il loro corso. Allo stesso modo, quando ci dedichiamo con presenza e costanza a un cammino, anche se sembra stretto, troviamo dentro di noi uno spazio immenso.

Elio ha imparato che lavorare con pazienza e stabilità non imprigiona la creatività, ma le dà radici da cui crescere. La libertà non è l'assenza di limiti, ma la capacità di danzare con essi. Vi invito, dunque, a scegliere un sentiero con il cuore aperto, a praticare con dedizione e senza fretta, e a scoprire che la vera libertà si trova non nel fuggire, ma nel restare presenti e trasformare ogni limite in possibilità.

Luna e il filo invisibile

Un insegnamento sull'abbandono e la connessione

Una bambina di nome Luna viveva in un piccolo villaggio circondato da boschi. Da piccola, i suoi genitori erano sempre impegnati e, pur provvedendo ai suoi bisogni materiali, avevano poco tempo per abbracciarla o parlarle. Luna si sentiva spesso sola, come se le mancasse qualcosa, anche quando era circondata da persone. Con il tempo, iniziò a credere che, se qualcuno si allontanava da lei anche solo per un po', significava che non era importante o degna d'amore.

Un giorno, i suoi genitori dovettero partire per alcune settimane e la lasciarono con sua zia. Luna si sentì abbandonata e il vuoto dentro di lei crebbe ancora di più. Si isolava, non giocava con gli altri bambini e viveva nel costante timore che ogni affetto le sarebbe stato portato via. Quando sua zia provava a farla parlare, Luna restava in silenzio o diceva quello che pensava che la zia volesse sentire, temendo che, se fosse stata se stessa, anche lei se ne sarebbe andata.

Una sera, mentre sedeva da sola sotto un grande albero nel giardino della zia, si avvicinò un vecchio sarto del villaggio. "Perché hai quel muso triste, piccola Luna?" le chiese con un sorriso gentile.

Luna sospirò. "Ho paura che tutti se ne vadano e mi lascino sola. Se le persone mi lasciano, significa che non sono importante."

Il vecchio sarto la guardò con occhi pieni di comprensione e tirò fuori dalla sua borsa un gomitolo di filo dorato. "Ti racconterò un segreto. Ogni persona che incontriamo nella vita ci lega con un filo invisibile, come questo. Anche se vanno via, il filo resta. Non puoi sempre vedere o toccare quel filo, ma se chiudi gli occhi e ascolti con il cuore, sentirai che è ancora lì."

Luna strinse il filo dorato tra le mani e chiese: "E se il filo si spezza?"

Il sarto scosse la testa con un sorriso. "Il filo può allentarsi, ma non si spezza mai davvero, se il legame è vero. A volte, le persone devono allontanarsi per un po' perché ognuno di noi ha i propri viaggi da compiere. Ma non significa che ti abbiano dimenticata o che tu non sia importante."

Quelle parole rimasero impresse nel cuore di Luna. Da quel momento, ogni volta che si sentiva sola o temeva di essere abbandonata, immaginava i fili invisibili che la legavano ai suoi genitori, ai suoi amici e persino alla natura intorno a lei. Iniziò a capire che, anche se qualcuno non era fisicamente presente, il loro affetto e le loro esperienze condivise erano sempre con lei.

Con il tempo, Luna smise di adattarsi agli altri solo per paura di essere lasciata. Imparò a esprimere i suoi veri pensieri e sentimenti, scoprendo che le relazioni diventavano più forti e autentiche quando era se stessa. Non aveva più paura del cambiamento, perché aveva fiducia nei fili invisibili che la collegavano al mondo.

Morale e insegnamento della storia

Molti di voi potrebbero credere che l'amore e la connessione siano come oggetti da possedere, cose che possono essere trattenute o perdute. Ma l'insegnamento di Luna è semplice: le vere connessioni non sono legate dalla presenza fisica o dal controllo, ma da un filo invisibile che si tende tra i cuori di chi condivide un momento di autenticità.

Luna ha scoperto che non possiamo vivere nel timore dell'abbandono o cercare di adattarci solo per essere amati. Così facendo, perdiamo noi stessi. Il filo invisibile non si spezza perché qualcuno si allontana; si spezza solo quando smettiamo di credere in esso, quando ci chiudiamo al mondo o ci allontaniamo dalla verità del nostro cuore.

Ciò che vi lega agli altri non è il tempo che passate insieme, né le parole che dite. È il riconoscimento profondo della vostra reciproca presenza e importanza. Anche quando la distanza sembra grande, quel filo vi collega se avete il coraggio di essere autentici e di avere fiducia nel legame.

La vera libertà nelle relazioni è sapere che, anche se i venti del cambiamento soffiano e le persone devono compiere i loro viaggi, voi siete ancora connessi. Allo stesso modo, un albero non trattiene gli uccelli che si posano sui suoi rami. Permette loro di volare via, sapendo che il loro canto continuerà a risuonare nella sua corteccia.

Imparate, dunque, a fidarvi del filo invisibile che vi lega agli altri. Non adattatevi per paura di essere lasciati soli, ma vivete con autenticità, sapendo che chi vi ama veramente sarà sempre con voi, anche quando non è presente.

E ricordate: se vi sentite soli, chiudete gli occhi, ascoltate il battito del vostro cuore e sentirete che non siete mai davvero separati da coloro a cui appartenete.

.

2° Chakra

Secondo Chakra – Svadhisthana: il tempio delle acque sacre e della creatività

Un monaco, chiamato Haru, viveva in un tempio ai margini di un lago tranquillo. Ogni mattina, sedeva sulle sponde del lago, osservando il flusso dell'acqua, che scorreva in silenzio, riflettendo il cielo e le montagne. Un giorno, un giovane allievo, Yuki, si avvicinò a lui con una domanda.

"Maestro," disse Yuki, "come posso trovare equilibrio nelle mie emozioni e risvegliare la mia creatività? Spesso mi sento sopraffatto dai miei sentimenti o completamente svuotato."

Haru guardò il lago e poi rispose: "Vedi questo lago, Yuki? È come il secondo chakra, Svadhisthana, il centro dell'emozione e della creatività. L'acqua, elemento di Svadhisthana, scorre senza opporre resistenza, adattandosi a ogni cambiamento. Così anche tu devi imparare a fluire con le tue emozioni, né trattenendole, né lasciandoti travolgere da esse."

Yuki osservò il lago e chiese: "Maestro, come posso farlo?"

Haru sorrise e rispose: "Quando l'acqua del lago è calma, riflette il cielo con chiarezza. Quando è agitata, tutto diventa confuso. Allo stesso modo, le emozioni riflettono la tua creatività: se impari ad accettarle, senza giudizio o paura, il tuo spirito diventerà come l'acqua limpida. La creatività non è altro che la manifestazione del tuo flusso interiore. Quando permetti alle emozioni di scorrere, la creatività sgorgherà naturalmente."

Yuki rifletté su queste parole. Nei giorni successivi, cominciò a sedersi vicino al lago ogni mattina, proprio come il suo maestro. Iniziò a osservare le sue emozioni come l'acqua che fluisce: alcune onde erano alte e tempestose, altre tranquille e serene. Con il tempo, imparò che il segreto stava nell'accogliere ogni stato senza cercare di cambiare ciò che sentiva. Quando il suo cuore era calmo, le sue mani danzavano creando opere d'arte, e quando la tempesta delle emozioni arrivava, la lasciava passare.

Come l'acqua, le nostre emozioni devono fluire liberamente per non stagnare. Quando accogliamo ogni sensazione e permettiamo al nostro spirito di adattarsi, apriamo le porte alla creatività, vivendo in armonia con noi stessi e gli altri.

Il giardiniere e il demone della colpa

Un insegnamento sulla colpa dell'anima smarrita

In un villaggio tranquillo, viveva un abile giardiniere di nome Kenji. La sua abilità nel coltivare fiori era rinomata in tutta la regione. Ogni mattina, Kenji si svegliava presto, si prendeva cura delle sue piante e si godeva il profumo dei fiori che sbocciavano. Ma nonostante la sua maestria, un demone oscuro lo tormentava: la colpa.

Un giorno, mentre piantava dei nuovi semi, il vento soffiò via una delle sue piante più belle. Kenji, colpito dalla perdita, si sentì sopraffatto dalla colpa. "Se solo avessi fatto più attenzione," si ripeteva, "non sarebbe successo." Da quel momento, ogni volta che si dedicava al giardinaggio, la sua mente era invasa da pensieri di colpa. Anche quando i suoi fiori fiorivano magnificamente, non riusciva a gioire della loro bellezza. La sua mente era intrappolata in un ciclo di rifiuto e punizione.

Un giorno, mentre si chinava a potare una pianta, un vecchio saggio lo osservò. Vedendo la tristezza nel viso di Kenji, decise di avvicinarsi e chiedere: "Perché porti un peso così grande sul cuore, giovane giardiniere?"

Kenji rispose: "Sento di non meritare la bellezza di questo giardino. Ogni errore mi porta a una nuova colpa, e la mia gioia svanisce."

Il saggio sorrise e rispose: "Lascia che ti racconti una storia. C'era una volta un albero che crescevano in un bosco. Era un albero meraviglioso, carico di frutti dolci, ma si sentiva sempre in colpa perché non poteva dar frutti tutto l'anno. Ogni stagione di carestia, l'albero piangeva, incolpandosi di non essere abbastanza utile. Ma il suo vero dono era la bellezza che portava al bosco, il rifugio per gli uccelli e il riparo per i viaggiatori. La colpa lo paralizzava, e così non poteva godere del suo stesso splendore."

"Quando l'albero finalmente capì che non doveva essere perfetto per essere prezioso, cominciò a godere delle stagioni, a danzare con il vento e a gioire della luce del sole. Allora la sua bellezza si manifestò in tutto il suo splendore."

Kenji ascoltò attentamente e si rese conto che, come l'albero, si stava imprigionando in una realtà di bianco e nero, dove ogni errore era un fallimento. Decise di lasciare andare la colpa e di abbracciare la molteplicità delle esperienze, comprese le imperfezioni.

Da quel giorno in poi, Kenji cominciò a lavorare nel suo giardino con un cuore leggero. Invece di concentrarsi sui suoi errori, si dedicò a coltivare la bellezza che lo circondava, godendo di ogni fiore che sbocciava e ogni foglia che tremava al vento. La sua gioia crebbe e i suoi fiori fiorirono come mai prima.

Morale e insegnamento della storia

Kenji era un uomo abile e talentuoso, eppure si trovava intrappolato da un demone che molti di noi conoscono: la colpa. Questa colpa gli impediva di godere dei frutti del suo lavoro, intrappolando il suo cuore e oscurando la sua mente. Nonostante la bellezza che lo circondava, la sua anima era avvolta in una nuvola di tristezza e auto-condanna.

La prima lezione: Non permettete alla colpa di dominare la vostra vita. Essa è come una catena che vi imprigiona, rendendovi incapaci di vedere la bellezza del presente. Ogni errore è un'opportunità di apprendimento, non una condanna. Imparate a perdonarvi, proprio come la natura perdona il ciclo delle stagioni.

La seconda lezione: La vita non è mai solo bianco o nero. Come il saggio raccontò dell'albero, noi possiamo sentirci inadeguati, ma non è la nostra utilità a definirci. La vera essenza di ognuno di noi è il dono che portiamo al mondo. Abbracciate le vostre imperfezioni, perché esse sono parte della vostra unicità e bellezza.

La terza lezione: Abbracciare la molteplicità delle esperienze significa accettare sia le gioie che le difficoltà. Quando Kenji decise di lasciare andare la colpa, il suo giardino fiorì con una bellezza mai vista prima. Allo stesso modo, quando lasciate andare il peso della colpa, aprite il cuore all'amore e alla gioia.

La morale finale: imparate a vivere con leggerezza. Ogni giorno è una nuova opportunità per gioire della bellezza che vi circonda. Lasciate che il vostro cuore danzi con il vento e si immerga nella luce del sole. Così come Kenji, potete coltivare non solo il vostro giardino, ma anche la vostra anima. La vita è un arcobaleno di esperienze; non lasciate che la colpa offuschi i colori splendenti della vostra esistenza.

La vera bellezza nasce quando impariamo a vivere nel presente, accogliendo la nostra essenza senza giudizio.

Il viaggio del desiderio

Un insegnamento sulla consapevolezza del desiderio

In un villaggio ai piedi di una montagna, viveva un giovane di nome Hiro. Sin da piccolo, Hiro aveva sempre sognato di scalare la vetta della montagna. La sua anima si riempiva di desiderio ogni volta che vedeva la cima, splendida e irraggiungibile, avvolta nelle nuvole. Ogni giorno, guardando la montagna, sentiva crescere dentro di sé un impeto di avventura, un richiamo che non riusciva a ignorare.

Tuttavia, gli anziani del villaggio avevano un diverso punto di vista. "Non lasciare che il desiderio ti inganni," dicevano. "Il desiderio è una trappola. Se desideri qualcosa, ti allontani dalla vera saggezza. Concentrati sul presente e non sul futuro."

Hiro ascoltò i consigli degli anziani, ma nel profondo del suo cuore il desiderio di scalare la montagna continuava a pulsare. Un giorno, dopo aver riflettuto a lungo, decise di seguire il suo desiderio. Si preparò per il viaggio, raccogliendo cibo e acqua, e partì verso la vetta.

Il cammino era ripido e difficile. Ad ogni passo, il corpo di Hiro si faceva sempre più stanco, e il pensiero di tornare indietro si fece strada nella sua mente. Ma, ricordando il suo desiderio profondo, si fermò un momento per riflettere. "Il mio desiderio non è solo scalare la montagna, ma crescere e scoprire chi sono veramente," pensò.

Con rinnovata determinazione, Hiro continuò a salire. Mentre progrediva, incontrò varie sfide: rocce scivolose, temporali e persino animali selvatici. Ogni ostacolo lo mette alla prova, ma ogni volta che si fermava a riposare e guardava indietro, vedeva la bellezza del paesaggio e si ricordava perché era lì. Ogni volta che superava una difficoltà, il suo desiderio si rafforzava, alimentando la sua volontà.

Finalmente, dopo giorni di cammino, Hiro raggiunse la vetta. Si sedette e contemplò il panorama mozzafiato che si apriva davanti a lui. In quel momento di gloria, capì che il suo desiderio non era solo quello di raggiungere la cima, ma di scoprire la sua forza interiore, la sua resilienza e la capacità di affrontare le sfide. Ogni passo, ogni difficoltà lo aveva avvicinato non solo alla vetta, ma a una maggiore comprensione di sé stesso.

Morale e insegnamento della storia

La storia di Hiro, il giovane che ha intrapreso un viaggio per scalare la montagna. La sua avventura è un potente insegnamento su come il desiderio possa influenzare le nostre vite.

Il primo insegnamento: il desiderio è un impulso naturale e fondamentale della nostra esistenza. Non dobbiamo temere i nostri desideri, perché essi rappresentano le aspirazioni più profonde della nostra anima. Hiro sognava di scalare la montagna non solo per la cima, ma per scoprire se stesso. Il desiderio di crescita e di esplorazione è ciò che ci spinge ad andare oltre i nostri limiti.

Il secondo insegnamento: gli anziani del villaggio avvertivano Hiro di non lasciarsi ingannare dal desiderio, temendo che potesse allontanarlo dalla vera saggezza. Ma la vera saggezza non consiste nel negare i desideri; piuttosto, si trova nell'accettarli e comprenderli. Quando comprendiamo ciò che desideriamo, possiamo orientare la nostra volontà in modo efficace. Hiro ha imparato che il suo desiderio non era solo una ricerca esterna, ma un viaggio interiore.

Il terzo insegnamento: durante il cammino, Hiro ha affrontato sfide e ostacoli, e ogni difficoltà ha fortificato la sua determinazione. Così come Hiro, anche noi incontriamo ostacoli nella vita. È attraverso queste sfide che ci scopriamo veramente e cresciamo. Ogni passo difficile è un'opportunità per imparare, crescere e rafforzare la nostra volontà.

La morale finale: non abbiate paura dei vostri desideri, ma riconosceteli come il carburante della vostra vita. Abbracciate il viaggio verso le vostre aspirazioni e affrontate le difficoltà con coraggio e determinazione. Come Hiro, imparate che il vero valore non sta solo nel raggiungere la vetta, ma nel percorso stesso e nella trasformazione che avviene in voi.

Riconoscete i vostri desideri, comprendete la loro essenza e lasciate che vi guidino verso la scoperta di voi stessi. Solo così potrete realizzare il vostro pieno potenziale e vivere una vita autentica e significativa.

Il fiume delle emozioni

Un insegnamento sull'ascoltare i messaggi dell'anima

In un piccolo villaggio circondato da verdi colline, viveva una giovane donna di nome Aiko. Sin da bambina, Aiko aveva sempre sentito le emozioni come un flusso vivace dentro di sé. Ogni gioia, ogni tristezza, ogni attimo di paura o di amore era per lei come un ruscello che scorreva, talvolta calmo e sereno, altre volte impetuoso e turbolento.

Aiko era consapevole che le sue emozioni erano una parte fondamentale della sua essenza, ma col passare degli anni, aveva iniziato a temerle. Le sue esperienze di vita l'avevano portata a credere che le emozioni forti potessero essere pericolose, così cominciò a costruire barriere intorno al suo cuore, reprimendo ciò che sentiva.

Un giorno, mentre passeggiava lungo il fiume che scorreva vicino al villaggio, Aiko vide un vecchio saggio seduto su una pietra, intento a osservare l'acqua. Curiosa, si avvicinò e gli chiese: "Maestro, perché il fiume scorre senza fermarsi? Non teme di esprimere la sua forza?"

Il saggio sorrise e rispose: "Il fiume non teme di scorrere, perché sa che ogni goccia è necessaria per il suo viaggio. Così sono le emozioni: sono il movimento della tua anima. Quando le accogli e le lasci fluire, esse ti guidano e danno significato alle esperienze della tua vita."

Aiko rifletté su queste parole e, mentre osservava il fiume, si rese conto che le acque si adattavano a ogni pietra e curva, senza resistenza. "E se io accettassi le mie emozioni come fa il fiume?" pensò.

Decisa a provare, Aiko chiuse gli occhi e cominciò a respirare profondamente. Inizialmente, un'ondata di tristezza la sopraffece. Si sentì sopraffatta, ma invece di opporsi, si permise di sentire. Con ogni respiro, lasciò fluire le lacrime, accogliendo la tristezza e comprendendo che era parte di lei. Si rese conto che, mentre le emozioni scorrevano, la pesantezza nel suo cuore cominciava a svanire, e uno spazio di leggerezza si apriva dentro di lei.

In quel momento, Aiko comprese che le sue emozioni non erano nemiche da temere, ma compagne da abbracciare. Come il fiume, le sue emozioni potevano portarla verso la libertà e la crescita. Tornò a casa e cominciò a praticare il lasciar fluire: ogni volta che sentiva un'emozione, la accoglieva, permettendole di esprimersi attraverso il movimento, la danza, e le parole.

Con il tempo, Aiko divenne una fonte di saggezza per gli altri. Insegnò al suo villaggio che le emozioni sono il motore del cambiamento e che lasciare fluire ciò che si sente è essenziale per l'espansione interiore.

Morale e insegnamento della storia

La storia di Aiko ci insegna che le emozioni non sono semplici reazioni da temere o reprimere, ma vitali manifestazioni del nostro essere. Così come un fiume scorre incessantemente, le nostre emozioni fluiscono in noi, portando con sé significato, bellezza e opportunità di crescita.

Aiko inizialmente credeva che le emozioni forti potessero essere pericolose, e per questo costruì barriere nel suo cuore. Ma quando si rese conto che ogni emozione è necessaria per il suo viaggio, imparò a non opporsi. Le emozioni, come il fiume, si adattano, si trasformano e trovano il loro corso, e così dobbiamo fare anche noi.

Accogliere le emozioni significa essere consapevoli della loro presenza. Quando le sentiamo, dobbiamo permetterci di esperirle completamente, senza paura o giudizio. Questo processo di accettazione ci conduce verso una maggiore libertà interiore. È nel fluire delle nostre emozioni che troviamo la nostra vera forza e resilienza.

Aiko imparò a lasciare fluire ciò che sentiva attraverso il movimento e l'espressione. Dobbiamo seguire il suo esempio e permettere alle nostre emozioni di esprimersi. Che sia attraverso la danza, la scrittura, o semplicemente parlando con un amico, queste azioni ci liberano e ci connettono a noi stessi e agli altri.

Le emozioni sono il motore del cambiamento. Non dobbiamo temerle, ma piuttosto abbracciarle come compagne di viaggio. Ogni emozione, che sia gioia o tristezza, ci offre insegnamenti preziosi. Quando impariamo a lasciarle fluire, diventiamo più aperti all'espansione interiore e alla trasformazione personale.

Le emozioni sono il movimento della vostra anima. Non cercate di controllarle o reprimere; piuttosto, accettatele e lasciatele scorrere. In questo modo, scoprirete una profondità di saggezza e autenticità dentro di voi. Come il fiume, siate pronti a fluire e a seguire il vostro corso, e vi troverete a vivere una vita più piena e significativa.anima di espandersi. In questo movimento, troverete la saggezza e la forza per affrontare ogni esperienza della vita.

L'ombra e la luce

Un insegnamento sull'accogliere la propria ombra

In un remoto villaggio, circondato da montagne e foreste, viveva un monaco di nome Ren. La sua vita era dedicata alla meditazione e alla ricerca dell'illuminazione. Ren trascorreva le sue giornate in silenzio, osservando il mondo intorno a lui e riflettendo sulla natura dell'esistenza.

Un giorno, mentre camminava lungo un sentiero, Ren incontrò una giovane donna di nome Mei, visibilmente turbata. I suoi occhi erano velati da un misto di paura e tristezza. Curioso, il monaco le chiese: "Cosa ti affligge, giovane donna?"

Mei rispose: "Sento che dentro di me c'è un'oscurità che non riesco a comprendere. Le mie emozioni mi travolgono, e non so come affrontarle. A volte, mi sento piena di rabbia o di tristezza, e non riesco a trovare pace."

Ren ascoltò attentamente, poi disse: "Vieni con me. Ti mostrerò un luogo speciale."

I due si incamminarono verso una grotta nascosta tra le rocce. Una volta entrati, Ren accese una candela. La luce tremolante illuminò l'oscurità circostante, rivelando strane ombre danzanti sulle pareti. "Queste ombre sono parte di noi," spiegò Ren. "Proprio come la luce, anche l'oscurità ha un suo valore."

Mei guardò le ombre, incapace di distogliere lo sguardo. "Ma perché dovremmo accettare l'oscurità?" chiese.

"Perché," rispose Ren, "le emozioni che consideriamo 'negative' sono energie vitali, che seppur represse, continuano a influenzare la nostra vita. L'illuminazione non consiste nel fuggire dall'oscurità, ma nel renderla consapevole. Solo così possiamo integrarci e diventare interi."

Mei rifletté su queste parole, e Ren continuò: "La tua rabbia, la tua tristezza, la tua gioia: sono tutte parti di te. Se le rifiuti, ti allontani dalla tua essenza. Ma se le accogli, se le lasci fluire, queste emozioni possono guidarti verso la comprensione e l'armonia."

Con rinnovata determinazione, Mei si sedette nella grotta e chiuse gli occhi. Iniziò a respirare profondamente, permettendo alle sue emozioni di emergere. La rabbia, la tristezza, e anche la gioia si presentarono, e invece di temerle, le accolse. Mentre il flusso delle sue emozioni la pervadeva, sentì una liberazione profonda.

Quando riaprì gli occhi, la candela brillava ancora, ma ora le ombre non la spaventavano più. Anzi, sembravano danzare in armonia con la luce. "Ho compreso," disse Mei con un sorriso. "L'oscurità non è da temere, ma da abbracciare. È parte della mia esistenza."

Ren annuì, soddisfatto. "Ricorda, giovane donna: ogni volta che giudichi un'emozione come negativa, ricorda che stai proiettando la tua ombra sugli altri. Invece di allontanarti, avvicinati. Conosci te stessa nella sua totalità e abbraccia le tue esperienze."

Morale e insegnamento della storia

La storia di Ren e Mei, una narrazione che ci invita a riflettere sul nostro rapporto con le emozioni e l'oscurità che tutti noi portiamo dentro di noi.

La storia ci mostra che, come Ren ha spiegato a Mei, l'illuminazione non arriva fuggendo dall'oscurità, ma abbracciandola. Le emozioni che spesso consideriamo negative come la rabbia, la tristezza e la paura sono in realtà parti vitali della nostra essenza. Esse ci parlano, ci guidano e ci offrono l'opportunità di conoscere noi stessi in modo più profondo.

Quando Mei ha incontrato le sue emozioni nella grotta, ha imparato che ignorarle non fa altro che rafforzare il loro potere su di lei. Solo accettandole e permettendo loro di fluire, è riuscita a trovare una sorta di liberazione e a scoprire un equilibrio interiore. In questo processo, ha realizzato che l'oscurità non è da temere, ma è una componente essenziale della sua esperienza umana.

Ogni emozione che proviamo è un messaggero, un'opportunità di crescita e di integrazione. Non possiamo sperare di essere completamente illuminati se ci rifiutiamo di riconoscere le parti più oscure di noi stessi.

Dobbiamo imparare a guardare dentro di noi con onestà e coraggio, accettando tutte le sfumature della nostra esperienza. Quando giudichiamo le nostre emozioni come "negative", proiettiamo quell'ombra sugli altri, creando divisioni e conflitti. Solo attraverso l'accettazione e la comprensione possiamo trovare un vero senso di unità e pace.

Quando vi trovate di fronte a un'emozione che vi mette a disagio, invece di respingerla, chiedetevi: "Cosa mi sta insegnando questa emozione? Come posso integrarla nella mia vita?"

Abbracciate le vostre ombre. In questo modo, non solo scoprirete la vostra vera essenza, ma vi avvicinerete anche alla vera illuminazione.

La danza del vento

Un insegnamento sul lasciarsi andare al movimento

In un tranquillo villaggio ai piedi di una grande montagna, viveva un giovane di nome Kaito. Sin dalla sua infanzia, Kaito era stato educato a cercare stabilità e sicurezza, a rimanere radicato nella terra e a non farsi influenzare dalle forze esterne. Tuttavia, dentro di lui, sentiva un desiderio di movimento e cambiamento che non riusciva a esprimere.

Un giorno, mentre si trovava nel bosco vicino al villaggio, Kaito incontrò una vecchia saggia che danzava liberamente tra gli alberi, i suoi vestiti ondeggiavano leggeri come le foglie al vento. Affascinato da quella visione, Kaito si avvicinò e le chiese: "Perché danzi così? Non hai paura di cadere o di perderti?"

La donna sorrise e rispose: "Io danzo perché il movimento è vita, e la vita è un continuo divenire. Quando ci lasciamo andare al movimento, ci uniamo all'universo e alla sua danza. La coerenza dà significato, ma è il cambiamento che ci spinge a espanderci e a crescere."

Kaito, colpito da queste parole, si sedette accanto a lei. "Ma come posso lasciare andare il controllo e abbracciare il cambiamento?" chiese.

La vecchia saggia rispose: "Inizia con piccoli passi. Senti il tuo corpo, ascolta il tuo respiro. Lasciati andare e prova a muoverti come il vento: a volte dolce e leggero, altre volte impetuoso e vigoroso. Solo così potrai scoprire chi sei veramente."

Incuriosito, Kaito chiuse gli occhi e iniziò a seguire il ritmo della sua respirazione. Dopo un momento di esitazione, iniziò a muovere lentamente le braccia, poi le gambe, abbandonandosi al flusso della musica interiore. Con ogni movimento, sentiva le tensioni sciogliersi e un nuovo senso di libertà prendere forma.

Mentre danzava, Kaito si rese conto che i suoi pensieri si calmavano, e un sorriso spontaneo si dipinse sul suo volto. Scoprì che il movimento non solo lo liberava, ma lo collegava anche a una dimensione più profonda della sua esistenza, permettendogli di percepire emozioni che aveva a lungo represso.

Quando finalmente aprì gli occhi, il sole stava tramontando, e il cielo era dipinto di colori caldi. Kaito si sentì rinnovato, come se avesse abbracciato una nuova parte di sé. "Grazie," disse alla saggia. "Ho capito che il cambiamento non è qualcosa da temere, ma un'opportunità da abbracciare."

La donna annuì, sorridendo. "Ricorda, giovane Kaito, la vita è una danza continua tra coerenza e cambiamento. Non temere mai di lasciarti andare e di esplorare il mondo attraverso il movimento. Solo così la tua coscienza potrà espandersi e la tua essenza fiorire."

Morale e insegnamento della storia

La storia di Kaito e della saggia racchiude una verità fondamentale della vita.

Kaito rappresenta ognuno di noi, educato a cercare sicurezza e stabilità in un mondo in costante cambiamento. La paura del cambiamento può tenerci prigionieri, limitando la nostra crescita e la nostra capacità di vivere pienamente. Ma la vecchia saggia ci insegna che il movimento è essenziale per la vita; è attraverso il movimento che possiamo unirci all'universo e alla sua danza.

Quando Kaito inizia a danzare, non solo scopre il piacere del movimento, ma anche il potere di abbracciare le sue emozioni, quelle che aveva represso per troppo tempo. Il suo viaggio ci ricorda che le nostre paure e insicurezze non devono controllarci; al contrario, possiamo trasformarle in opportunità di crescita.

La vita è un equilibrio tra coerenza e cambiamento. La coerenza fornisce una base su cui costruire, ma è nel cambiamento che troviamo l'espansione, la scoperta di noi stessi e la connessione con il mondo. Quando ci lasciamo andare, impariamo a fluire come il vento, ad accettare ciò che è, a sperimentare il presente senza paura.

Non temete di muovervi, di danzare con la vita. Ogni passo che fate vi avvicina alla vostra vera essenza. Abbracciate il cambiamento e lasciate che la vostra coscienza si espanda; solo così la vostra vita potrà diventare una danza di gioia e libertà. Ricordate sempre: la vita è una danza continua, e ogni momento è un'opportunità per danzare.

Il giardino dei bisogni

Un insegnamento sulla necessità

In un piccolo villaggio, circondato da dolci colline e fiori colorati, viveva un giardiniere di nome Hiroshi. Hiroshi era un uomo laborioso, e passava le sue giornate a curare il suo giardino, pieno di piante e fiori meravigliosi. Ogni pianta era speciale per lui, e dedicava attenzione a ognuna di esse, assicurandosi che ricevessero acqua, luce e nutrienti.

Un giorno, una giovane donna di nome Akira si avvicinò al giardino di Hiroshi. La sua espressione era triste e affaticata. "Ciao, Hiroshi," disse. "Ho bisogno di aiuto. Non riesco a trovare la gioia nella mia vita. Sento di non essere mai soddisfatta."

Hiroshi, con uno sguardo gentile, le chiese: "Quali sono i tuoi bisogni, Akira?"

Akira si fermò, sorpresa dalla domanda. "Non lo so," rispose. "Ho sempre pensato che i miei bisogni fossero desideri egoistici. Crescendo, mi è stato insegnato che non dovevo chiedere nulla, che i miei bisogni non erano importanti."

Il giardiniere sorrise e invitò Akira a sedersi con lui. "Guarda il mio giardino," disse. "Ogni pianta ha i suoi bisogni fondamentali. Senza acqua, luce e nutrimento, non possono crescere. Eppure, alcune persone pensano che i propri bisogni siano poco importanti, come se dovessero vergognarsi di esprimerli."

"Ma io non voglio essere egoista," rispose Akira. "Temo che i miei bisogni possano disturbare gli altri."

"Non è egoismo," spiegò Hiroshi. "È essenziale riconoscere e soddisfare i propri bisogni. Solo quando lo facciamo possiamo davvero crescere e prosperare. Quando una pianta non riceve ciò di cui ha bisogno, inizia a seccarsi e a morire, proprio come noi se ignoriamo i nostri bisogni."

Akira ascoltò attentamente. "Cosa dovrei fare?" chiese.

"Comincia con piccoli passi," suggerì Hiroshi. "Fai un elenco dei tuoi bisogni fondamentali. Potresti scoprire che hai bisogno di amore, di sostegno o di semplici momenti di gioia. Non aver paura di chiedere ciò di cui hai bisogno. Ricorda che ogni bisogno è legittimo e che soddisfarli ti aiuterà a vivere una vita più equilibrata."

Akira annuì, comprendendo le parole di Hiroshi. Cominciò a scrivere i suoi bisogni e, poco a poco, si sentì più leggera. Iniziò a parlare con i suoi amici, a chiedere aiuto e a condividere i suoi sentimenti. Con il tempo, la sua vita divenne più luminosa e piena di gioia.

Morale e insegnamento della storia

Hiroshi, con il suo giardino rigoglioso, rappresenta la cura e l'attenzione necessarie per nutrire ciò che ci circonda. Ogni pianta richiede acqua, luce e nutrimento per crescere e fiorire. Allo stesso modo, anche noi abbiamo bisogni fondamentali che devono essere riconosciuti e soddisfatti affinché possiamo prosperare.

Quando Akira si avvicina a Hiroshi, è segnata dalla tristezza e dall'insoddisfazione. Il suo primo passo verso la felicità è stato riconoscere che ha bisogno di aiuto. Questa è una lezione cruciale: non dobbiamo temere di esprimere i nostri bisogni. Spesso, siamo stati educati a credere che i nostri desideri siano egoistici, ma, come Hiroshi ci ricorda, ignorare i nostri bisogni può portarci alla sofferenza.

La vera essenza della vita è nella consapevolezza di ciò che ci serve. Quando Akira inizia a scrivere i suoi bisogni e a chiedere aiuto, inizia a sentirsi più leggera e a trovare la gioia che cercava. Questa transizione rappresenta la crescita personale, il riconoscimento di ciò che è essenziale per il nostro benessere.

Non abbiate paura di ascoltare i vostri bisogni e di esprimerli. Ogni bisogno che avvertite è legittimo e merita attenzione. Proprio come le piante del giardino di Hiroshi, abbiamo bisogno di cura, sostegno e amore per fiorire.

La vita è una danza continua tra dare e ricevere. Riconoscere i nostri bisogni non è un atto di egoismo, ma un passo verso la responsabilità e l'autenticità. Solo così possiamo vivere in armonia con noi stessi e con gli altri.

Il fiume e la tazza

Un insegnamento sulla natura delle emozioni

In un antico villaggio, circondato da colline verdi e fiumi scintillanti, viveva un giovane di nome Riku. Riku era conosciuto per la sua abilità nel forgiare ceramiche, creando tazze, piatti e vasi che decoravano le case del villaggio. Tuttavia, sentiva un vuoto dentro di sé, come se qualcosa mancasse nella sua vita.

Un giorno, mentre passeggiava lungo le rive di un fiume, Riku incontrò un saggio anziano seduto su una pietra, immerso nella contemplazione delle acque che scorrevano. Avvicinandosi, Riku chiese: "Maestro, perché l'acqua è così importante per noi? A volte mi sento come una tazza vuota."

Il saggio lo guardò con dolcezza e rispose: "L'acqua è vita, giovane Riku. Essa scorre e cambia, portando con sé emozioni e esperienze. Ma per esistere, ha bisogno di un contenitore."

Riku rifletté su queste parole e il saggio continuò: "Immagina il tuo corpo come una tazza. Il primo chakra è come il fondo della tazza, che fornisce stabilità e sostegno. Ma cosa succede se la tazza è troppo piena o troppo vuota?"

"Se è troppo piena, l'acqua trabocca. Se è vuota, non può contenere nulla," rispose Riku.

"Esattamente," confermò il saggio. "Nel tuo viaggio di vita, devi trovare il giusto equilibrio tra contenimento e flusso. Le emozioni che provi sono come l'acqua. Devi permettere loro di scorrere liberamente, ma anche avere un contenitore forte che le sostenga."

Riku sentì una rivelazione profonda. "Ma come posso trovare questo equilibrio?" chiese.

"Comincia a riconoscere le tue emozioni come una danza. A volte, dovrai lasciarle fluire liberamente; altre volte, dovrai trovare un modo per contenerle," spiegò il saggio. "Abbraccia la tua vulnerabilità e non temere il cambiamento. Affronta le tue paure e le tue gioie. Questo è il battesimo della tua anima."

Da quel giorno, Riku si dedicò non solo a forgiare tazze e vasi, ma anche a esplorare le sue emozioni. Iniziò a scrivere le sue esperienze, a connettersi con le persone intorno a lui e a ballare come il fiume che scorrevano, fluido e aperto.

Con il passare del tempo, il giovane imparò a riconoscere le proprie esigenze e a dare spazio alle sue emozioni, come l'acqua in una tazza ben costruita. E, per la prima volta, sentì di essere completo.

Morale e insegnamento della storia

La storia di Riku ci offre una preziosa lezione sulla natura delle emozioni e sulla vita stessa. Come il fiume e la tazza, anche noi siamo in costante movimento tra il contenere e il fluire.

La morale di questa storia è semplice ma profonda: per vivere in equilibrio e armonia, dobbiamo riconoscere e soddisfare i nostri bisogni emotivi. Le emozioni, come l'acqua, hanno bisogno di uno spazio in cui potersi esprimere. Se ignoriamo i nostri sentimenti o li replichiamo, ci sentiremo vuoti, come una tazza che non è mai riempita. D'altro canto, se non abbiamo un contenitore adeguato, le nostre emozioni possono traboccare e creare confusione.

Riku ha imparato che la vulnerabilità è una forza. Quando abbracciamo le nostre emozioni e permettiamo loro di fluire, creiamo una connessione profonda con noi stessi e con gli altri. È un viaggio che richiede coraggio, ma porta a una vita più ricca e appagante.

Quali sono le emozioni che sentite nel vostro cuore? Riconoscetele, accettatele e permettete loro di esprimersi. Costruite il vostro contenitore, la vostra tazza, con stabilità e amore. Solo così, come Riku, potrete scoprire il vostro vero sé e vivere una vita piena, come un fiume che scorre libero e gioioso.

Il viaggio del saggio e il giardino dei piaceri

Un insegnamento sul valore del piacere

In un villaggio nascosto tra le montagne, viveva un saggio di nome Kenji. La sua saggezza era conosciuta da tutti e molti si recavano da lui per ricevere consigli. Kenji trascorreva le sue giornate nel suo giardino, un luogo rigoglioso e vibrante, dove ogni pianta sembrava danzare al ritmo del vento.

Un giorno, un giovane di nome Haru, affaticato dalla vita e dalle responsabilità, si avvicinò a Kenji. "Maestro," disse, "ogni giorno lavoro duramente e alla fine cerco solo di rilassarmi. Sento che qualcosa manca nella mia vita, come se fossi sempre in corsa senza mai fermarmi per assaporare il momento."

Kenji lo guardò con gentilezza e rispose: "Hai mai osservato il mio giardino, Haru?"

Haru guardò attentamente le piante. "È bellissimo, Maestro," ammise. "Ma cosa ha a che fare con me?"

"Ogni pianta nel mio giardino è viva e prospera grazie al sole, all'acqua e all'aria," spiegò Kenji. "Se negherò loro ciò di cui hanno bisogno, non cresceranno. Proprio come il tuo corpo e la tua anima. Il piacere, come la luce e l'acqua, è essenziale per il tuo benessere."

"Ma io credo che i piaceri siano superflui," ribatté Haru. "La mia vita è dedicata al lavoro e alle responsabilità."

Kenji sorrise. "Ricorda, giovane amico, che i bambini sanno come vivere nel piacere. Giocano, ridono, si muovono liberamente. Crescendo, spesso ci insegnano a reprimere queste gioie, come se fossero egoistiche. Ma in realtà, il piacere ci connette al mondo e ci permette di esprimere la nostra vitalità."

"Allora, come posso ritrovare questo piacere?" chiese Haru.

Il saggio indicò un albero di pesco carico di frutti. "Raccolta un frutto e assaporalo. Senti il suo sapore, la sua dolcezza. Lascia che il tuo corpo e la tua mente si aprano a questa esperienza."

Haru seguì il consiglio e assaporò il pesco. La dolcezza esplose in bocca, e per un attimo, si sentì leggero e vivo.

"Vedi?" disse Kenji. "Ogni piccolo piacere ci invita a espanderci, a connetterci con noi stessi e con gli altri. Se neghiamo il piacere, ci allontaniamo dalla nostra essenza, diventiamo rigidi e infelici."

Haru rifletté su queste parole e, mentre tornava a casa, iniziò a notare i piccoli piaceri della vita: il profumo del pane appena sfornato, il calore del sole sulla pelle, le risate degli amici. Cominciò a concedersi momenti di gioia e a riconoscere le sue emozioni, come un giardiniere che si prende cura delle sue piante.

Morale e insegnamento della storia

Questa storia ci insegna che il piacere non è solo un lusso, ma una necessità per il nostro benessere. Viviamo in un mondo dove spesso ci sentiamo schiacciati dalle responsabilità e dal dovere. Ci viene insegnato a lavorare duramente e a ignorare le piccole gioie, considerandole superflue.

Ma come il giardino di Kenji, la nostra vita ha bisogno di nutrimento. Le emozioni e i piaceri sono come il sole e l'acqua per le piante: senza di essi, non possiamo crescere. Haru ha imparato a riconoscere il valore del piacere e a lasciarsi andare, assaporando i momenti presenti. La dolcezza del pesco non era solo un frutto, ma un invito a riscoprire la vita in tutte le sue sfumature.

Dobbiamo permettere alle piccole gioie di fluire nella nostra vita. Ogni risata, ogni momento di bellezza, ogni assaggio di dolcezza ci connette con la nostra essenza. Se neghiamo il piacere, diventiamo rigidi e disconnessi. Le emozioni, come un giardino, devono essere curate e coltivate.

Impariamo a essere come i bambini, a giocare, a muoverci liberamente, a celebrare i momenti di gioia. Permettiamo che il piacere ci guidi verso una vita più piena e soddisfacente. Solo così possiamo vivere in armonia con noi stessi e con il mondo.

La vita è un viaggio e ogni momento è un'opportunità per espandere la nostra consapevolezza. Non temete il piacere; abbracciatelo e lasciate che vi guidi verso la pienezza dell'essere..

3° Chakra

Terzo Chakra – Manipura: la fiamma dell'identità

In un piccolo monastero sulle colline, viveva un giovane monaco di nome Taro, rinomato per la sua tranquillità e saggezza. Tuttavia, dentro di lui, una fiamma irrequieta bruciava. Nonostante la sua disciplina e la sua pace esteriore, Taro sentiva spesso una mancanza di direzione e sicurezza in sé stesso. Si trovava paralizzato di fronte alle decisioni importanti e preferiva seguire piuttosto che prendere l'iniziativa.

Un giorno, sentendo il peso di questo blocco interiore, decise di cercare consiglio dal suo Maestro, l'illuminato Sensei Akira, noto per la sua profonda comprensione del fuoco interiore dell'uomo. Taro si avvicinò al Maestro e disse: "Maestro, dentro di me sento un fuoco che arde, ma non riesco a incanalarlo. Quando cerco di affermarmi, mi sento incerto, come se qualcosa mi trattenesse. Come posso risvegliare il mio potere interiore senza esserne travolto?"

Il Maestro Akira osservò Taro con occhi sereni e disse: "Vieni con me, Taro."

Lo condusse in un'area appartata del monastero, dove una grande fiamma ardeva in un braciere al centro di un cerchio di pietre. Il fuoco brillava intensamente, illuminando l'oscurità del crepuscolo. Il Maestro indicò la fiamma e disse: "Questo fuoco è come il terzo chakra, Manipura, il centro del potere personale. Guardalo attentamente, Taro. Cosa vedi?"

Taro osservò il fuoco e rispose: "Vedo una fiamma che brucia forte, luminosa e calda."

Il Maestro sorrise e annuì. "Sì, il fuoco è potente e luminoso. Ma cosa succede se non è controllato? Se lo lasci bruciare senza guida, può distruggere tutto intorno a sé, come il potere mal diretto di un uomo che cerca di dominare gli altri. D'altra parte, se la fiamma è troppo debole, non riscalda e non illumina, come una persona che manca di fiducia e coraggio. Il segreto di Manipura è trovare l'equilibrio: né troppo debole, né troppo forte, ma giusto abbastanza per illuminare il proprio cammino."

Taro rifletté sulle parole del Maestro. "Maestro, come posso trovare questo equilibrio? Come posso usare il mio potere interiore senza che diventi distruttivo o inefficace?"

Il Maestro prese una manciata di legna e la pose con attenzione sul fuoco, facendo in modo che le fiamme continuassero a bruciare con vigore, ma senza traboccare. Poi disse: "Come il fuoco, anche il tuo potere interiore ha bisogno di nutrimento. Ogni volta che agisci con chiarezza, coraggio e determinazione, aggiungi legna al fuoco di Manipura. Ma ricorda, non devi forzarlo o bruciare tutto ciò che incontri. Sii paziente, nutri la tua volontà con attenzione e lascia che il tuo fuoco interiore bruci con saggezza."

Taro comprese allora che il suo blocco non veniva dalla mancanza di potere, ma dall'incapacità di incanalarlo correttamente. Capì che il potere personale, come il fuoco, è una forza che deve essere coltivata con consapevolezza, in modo che possa trasformare la vita senza consumarla.

La morale della storia è questa: Manipura, il centro del potere personale, è come una fiamma interiore che brucia in ciascuno di noi. Quando è equilibrato, ci dona la forza di agire con coraggio e determinazione, permettendoci di affermarci nel mondo senza essere dominati dall'aggressività o dalla paura. Ma se lasciamo che questa fiamma bruci senza controllo, rischiamo di diventare dominatori o di autodistruggerci. Se, invece, la manteniamo troppo bassa, vivremo nella paura e nell'incertezza. Il segreto è nutrire il nostro fuoco interiore con saggezza, per far sì che illumini il nostro cammino e ci permetta di vivere con fiducia e forza.

Il ponte sull'arcobaleno

Un insegnamento sull'autonomia

In un villaggio remoto, tra montagne e colline avvolte dalle nebbie, viveva un giovane monaco di nome Taro. Egli era in cerca di saggezza, desideroso di comprendere la natura dell'universo e della sua stessa esistenza. Dopo anni di studio e meditazione, un giorno decise di chiedere consiglio al Maestro Hiroshi, un anziano saggio che abitava sulla vetta di una montagna vicina.

Taro si recò da Hiroshi e gli disse: "Maestro, ho trascorso anni cercando di unirmi al cosmo, di abbandonare il mio ego e di dissolvermi nell'universale. Ma mi sento sempre più perso, come se non sapessi più chi sono."

Il Maestro Hiroshi lo ascoltò con pazienza, poi indicò un arco che attraversava un profondo burrone, collegando due picchi di montagna. "Guarda quel ponte," disse il maestro. "Così come quel ponte collega due estremità, tu devi trovare l'equilibrio tra il tuo sé individuale e l'universalità che cerchi."

Taro guardò il ponte e si accigliò. "Maestro, non capisco. Non dovrei abbandonare il mio ego per raggiungere l'illuminazione?"

Il Maestro sorrise e lo invitò a sedersi. "Il tuo viaggio verso l'universale è come attraversare quel ponte," spiegò. "Ma se non sei ben radicato su una sponda, non puoi mai raggiungere l'altra. Devi prima conoscere te stesso, sviluppare la tua autonomia e la tua individualità. Solo allora potrai espanderti senza perderti."

Taro rifletté su queste parole e chiese: "Ma non dovrei cercare di liberarmi dell'ego?"

Il Maestro annuì lentamente. "Liberarsi dell'ego non significa annullare ciò che sei, ma trascendere ciò che hai già compreso di te stesso. Il tuo sé individuale non è il nemico, è la base. Se non sei sicuro di chi sei, come potrai mai abbracciare l'universale senza essere travolto?"

"Allora come posso trovare questo equilibrio?" chiese Taro.

Il Maestro indicò ancora una volta il ponte. "Cammina su di esso con sicurezza. Conosci chi sei e dove ti trovi, e solo allora potrai esplorare l'altra sponda senza paura di cadere. L'autonomia è la tua forza, il ponte tra te e il vasto cosmo."

Da quel giorno, Taro iniziò a lavorare sulla sua autonomia, riconoscendo i suoi desideri, bisogni e responsabilità. Capì che solo conoscendo e accettando il suo sé poteva espandersi verso l'universale senza smarrirsi. E così, come un ponte ben radicato su entrambe le sponde, Taro trovò la sua strada verso l'illuminazione, non perdendosi nel tutto, ma conoscendosi in esso.

Morale e insegnamento della storia

Il viaggio di Taro è il viaggio che tutti noi compiamo, in un modo o nell'altro, nella nostra ricerca di saggezza, illuminazione e comprensione del cosmo. Molti, come Taro, desiderano immergersi nell'universale, abbandonare il proprio ego, fondersi con il tutto. Ma c'è un'importante verità nascosta in questa ricerca: non possiamo abbracciare l'infinito senza prima conoscere e stabilizzare noi stessi come esseri separati e autonomi.

Immaginate il ponte che Maestro Hiroshi mostra a Taro. Esso collega due sponde: una rappresenta il sé individuale, l'altra l'universale. Se tentiamo di attraversare il ponte senza essere radicati saldamente sulla sponda del nostro sé, rischiamo di cadere nel burrone sottostante, travolti dalla vastità dell'universo. Prima di espanderci verso l'infinito, dobbiamo riconoscere chi siamo nel nostro piccolo, accettare le nostre responsabilità, bisogni e desideri. Solo allora possiamo camminare con sicurezza verso l'altra sponda.

Molti pensano che l'ego debba essere annullato per raggiungere l'illuminazione. Ma l'ego, se ben compreso, non è il nostro nemico. È il nostro punto di partenza, la base su cui costruiamo il nostro viaggio spirituale. L'ego va trasceduto, sì, ma prima dobbiamo conoscerlo. Immaginate di salire una montagna: non potete iniziare a metà strada. Dovete prima raggiungere una solida base, solo allora potete continuare verso la cima.

L'autonomia è come il ponte nel cuore dell'arcobaleno. È la connessione tra l'individuale e l'universale, un ponte che ci permette di espanderci senza perderci. Essere autonomi significa essere radicati in ciò che siamo, accettare i nostri desideri e la nostra responsabilità, e trovare la forza per affrontare il mondo. Se non sappiamo chi siamo, come possiamo mai esplorare il vasto cosmo senza essere travolti?

L'autonomia, dunque, è il cuore di questa lezione. Non potete abbandonare il vostro sé prima di averlo conosciuto profondamente. È solo riconoscendo la vostra individualità, le vostre radici, che potete espandervi verso l'universale senza smarrirvi. Come un ponte ben radicato su entrambe le sponde, così anche voi dovete bilanciare il vostro sé e l'infinito. Solo allora troverete la vera illuminazione.

L'autonomia non è isolamento, ma il fondamento per connetterci con l'infinito.conoscerci, accettare i nostri bisogni e responsabilità, e solo allora possiamo esplorare l'universale senza perderci.

Il fiume dell'energia

Un insegnamento sull'energia e l'attività

Un giovane monaco di nome Haru viveva in un piccolo tempio ai piedi di una montagna. Haru era noto per la sua energia inesauribile: meditava con intensità, lavorava con dedizione, e si impegnava in ogni attività con entusiasmo. Tuttavia, nonostante questo, sentiva spesso una strana tensione interiore, come se la sua energia si accumulasse senza trovare uno sbocco adeguato. Un giorno, decise di chiedere consiglio al suo Maestro, il saggio Ryu.

"Maestro," disse Haru, "mi sento come un fiume in piena, ma non riesco a trovare il giusto corso per la mia energia. A volte mi sembra di essere troppo irrequieto, altre volte mi trattengo per paura di sbagliare. Come posso imparare a usare la mia energia senza sprecarla?"

Il Maestro Ryu sorrise e lo invitò a seguire un percorso verso un fiume che scorreva vicino al tempio. Giunti lì, il Maestro indicò il fiume che scorreva veloce tra le rocce. "Guarda quest'acqua," disse, "fluida, potente, ma anche controllata. La corrente segue il suo corso naturale, superando gli ostacoli senza sforzo."

Haru osservò il fiume con attenzione. "Maestro, cosa c'entra questo con la mia energia?"

Il Maestro Ryu rispose: "Come il fiume, anche la tua energia scorre naturalmente. Quando cerchi di trattenere o reprimere il flusso, essa si accumula, creando tensione dentro di te. Ma se lasci che l'energia segua il suo corso, con consapevolezza e discernimento, essa ti condurrà senza sforzo dove devi andare."

"Ma come posso evitare che l'energia diventi distruttiva?" chiese Haru. "Ho paura di essere sopraffatto dai miei impulsi."

Il Maestro si accovacciò vicino al fiume e immerse una mano nell'acqua. "L'acqua, come l'energia, è neutrale," spiegò. "Essa può portare vita o distruzione, a seconda di come viene guidata. Se il fiume non trova un percorso, può esondare. Ma se costruisci canali e argini, puoi usare la sua forza per nutrire i campi e generare prosperità."

"Quindi, devo creare canali per la mia energia?" chiese Haru, cercando di capire.

"Esattamente," rispose il Maestro Ryu. "Non reprimere la tua energia, ma organizza le tue azioni. Quando senti un aumento di eccitazione, non temerlo. Usalo per agire, ma con saggezza. Trova un equilibrio tra spontaneità e consapevolezza, tra impulso e controllo. Il segreto non è trattenere l'energia, ma darle una direzione, come un fiume che trova la sua via tra le rocce."

Haru comprese che la sua energia non era il problema, ma la sua capacità di gestirla. Da quel giorno, iniziò a riconoscere i suoi impulsi senza paura, a usare la sua vitalità per agire con consapevolezza e a non trattenersi per timore di sbagliare. Imparò che il potere dell'energia, come quello del fiume, poteva essere usato per creare, per esplorare e per affrontare le sfide della vita con gioia.

Morale e insegnamento della storia

L'esperienza di Haru ci insegna un'importante verità: l'energia che scorre dentro di noi è come un fiume. Quando sentiamo quell'eccitazione, quella spinta interiore che ci fa muovere, è come l'acqua che si raccoglie a valle. Se cerchiamo di trattenere quest'acqua, come costruire una diga senza via d'uscita, essa si accumula e può travolgerci. Così accade quando tratteniamo i nostri impulsi, le nostre emozioni, le nostre passioni: esse si trasformano in tensione, ansia, conflitto.

Ma se lasciamo che questa energia fluisca senza direzione, come un fiume senza argini, rischiamo di travolgere tutto ciò che incontriamo. La nostra energia, non guidata, può diventare distruttiva: azioni impulsive, decisioni avventate, emozioni fuori controllo. È qui che entra in gioco la consapevolezza. Come Haru ha appreso dal suo maestro, non si tratta di sopprimere il flusso, ma di indirizzarlo.

L'energia, di per sé, è neutra. Né buona né cattiva. È la forza vitale che ci attraversa e ci permette di agire nel mondo. Sta a noi decidere come utilizzarla. Proprio come un fiume può portare vita ai campi se ben canalizzato, così la nostra energia, se guidata dalla consapevolezza e dalla saggezza, può nutrire il nostro cammino. Dobbiamo creare quei "canali" interiori che danno direzione alla nostra forza vitale: organizzare le nostre azioni, agire con intenzione e scegliere quando è il momento di lasciar fluire, e quando invece è il momento di fermarsi e riflettere.

Non abbiate paura della vostra energia, dei vostri impulsi. Non è necessario reprimerli, ma imparare a riconoscerli e usarli con saggezza. La tensione che sentite, quell'urgenza di fare, di agire, non è nemica. È una guida. Se la trattiamo con rispetto, se la osserviamo con attenzione, ci porterà esattamente dove dobbiamo andare. La chiave è l'equilibrio tra spontaneità e consapevolezza, tra l'istinto e il controllo.

L'energia che scorre dentro di voi è un dono. Usatela per creare, per esplorare, per affrontare le sfide della vita con gioia e apertura. Come un fiume che scorre tra le rocce, lasciate che la vostra energia vi porti verso la crescita e la realizzazione, senza mai temere di commettere errori, perché è proprio attraverso queste sfide che impariamo chi siamo davvero.

La casa del Sé

Un insegnamento sull'integrazione dell'ego

In un piccolo tempio situato in una valle tranquilla, viveva un giovane monaco di nome Kaito. Kaito trascorreva le sue giornate studiando testi sacri, meditava profondamente, e desiderava superare l'ego per avvicinarsi all'illuminazione. Un giorno, decise di consultare il suo Maestro, il saggio Maestro Daiki.

"Maestro," disse Kaito, "ho imparato che l'ego è una prigione. Devo liberarmene per raggiungere l'illuminazione, ma ogni volta che cerco di farlo, mi sento perso e confuso."

Il Maestro Daiki lo guardò con calma, poi gli disse: "Kaito, immagina di essere in una casa. Questa casa è il tuo ego. Come ti sentiresti senza un tetto sopra la testa?"

Kaito rifletté un attimo. "Senza un tetto sarei esposto al freddo, al caldo e alla pioggia, Maestro."

Il Maestro annuì. "Esattamente. La casa del tuo ego non è una prigione, ma un rifugio. Ti offre protezione e uno spazio in cui crescere. Se cercassi di distruggerla completamente, saresti senza radici, esposto agli elementi. Ma allo stesso tempo," continuò il Maestro, "se non apri mai la porta, se non esci mai dalla tua casa, allora sì, diventa una prigione."

"Allora cosa dovrei fare, Maestro?" chiese Kaito, confuso.

Il Maestro sorrise dolcemente. "Non devi distruggere la casa del tuo ego, ma devi imparare a viverci con saggezza. La tua casa ti dà stabilità, ma non deve limitarti. Apri le finestre per far entrare la luce. Apri la porta per esplorare il mondo al di là delle mura. L'ego è come una casa: ti serve come base, ma non deve chiuderti dentro."

Kaito comprese che l'ego non era il nemico, ma uno strumento. Doveva imparare a usarlo per radicarsi nella sua identità, ma anche saper aprire le porte per espandere la sua coscienza oltre i confini dell'ego.

Da quel giorno, Kaito non cercò più di distruggere il suo ego, ma di comprenderlo, rafforzarlo e trascenderlo. Scoprì che, come un ponte tra il Sé e il mondo esterno, l'ego gli permetteva di unire il mondo interiore e quello esteriore, dando forma alle sue esperienze e fornendo il supporto necessario per esplorare l'infinito.

Morale e insegnamento della storia

La storia di Kaito ci insegna una lezione profonda. Quando pensiamo all'ego, spesso lo vediamo come un ostacolo, una barriera da abbattere per avvicinarci all'illuminazione. Tuttavia, come ci mostra il Maestro Daiki, l'ego non è qualcosa da distruggere, ma da comprendere e integrare.

Immaginate l'ego come una casa. Questa casa rappresenta il nostro senso del sé, la nostra identità. Senza una casa, saremmo esposti agli elementi, disorientati, senza una base solida da cui partire. L'ego, come una casa, ci protegge, ci offre un rifugio sicuro dove possiamo crescere, riflettere e trovare la nostra stabilità. Non dobbiamo scappare dalla casa, ma imparare a viverci con consapevolezza.

Eppure, questa casa non deve diventare una prigione. Se rimaniamo chiusi dentro di essa, con le finestre sigillate e la porta chiusa, ci separiamo dal mondo esterno, dall'energia dell'universo e dalle opportunità di crescita spirituale. L'errore non sta nell'avere un ego, ma nel permettere all'ego di chiuderci fuori dal vasto campo di esperienze e comprensioni che esistono oltre di esso.

Cosa dobbiamo fare allora? Aprire le finestre, far entrare la luce. Questo significa essere aperti alle nuove esperienze, riconoscere che esiste un mondo al di fuori della nostra identità personale. Dobbiamo aprire la porta e uscire, esplorare l'universo, con la consapevolezza che la casa è lì, come un rifugio, un punto di riferimento che ci permette di tornare a noi stessi.

Quindi, non vedete l'ego come un nemico, ma come una base. Un ego ben radicato ci dà forza, ci permette di avere una chiara direzione, di conoscere chi siamo. Ma allo stesso tempo, un ego troppo chiuso ci limita. L'obiettivo non è distruggerlo, ma equilibrarlo. Usare l'ego come un ponte tra il nostro mondo interiore e quello esteriore, tra la nostra identità e l'infinito.

La morale è che l'ego è uno strumento, non una gabbia. Come una casa, ci protegge e ci sostiene, ma deve essere aperto per permetterci di crescere, di esplorare, di scoprire. Solo bilanciando questa stabilità con l'apertura possiamo veramente comprendere la nostra essenza e il nostro posto nell'universo. Solo così possiamo essere presenti nel mondo, con radici profonde e ali pronte a volare..

La farfalla e il bozzolo

Un insegnamento sull'individuazione

Un giovane monaco di nome Ren viveva in un piccolo tempio circondato da un'antica foresta. Ren trascorreva le sue giornate in preghiera e meditazione, cercando risposte alle grandi domande della vita. Era ossessionato dal desiderio di capire chi fosse veramente, oltre le aspettative del suo Maestro, degli altri monaci e della società. Un giorno, decise di parlare con il suo Maestro, il venerabile Takuan, sperando che gli rivelasse il segreto per realizzarsi pienamente.

"Maestro," disse Ren, "medito e pratico ogni giorno, ma sento che non sto veramente trovando me stesso. Cosa devo fare per scoprire il mio vero essere e liberarmi dalle aspettative esterne?"

Il Maestro Takuan lo guardò con occhi calmi e poi indicò un bozzolo appeso a un ramo vicino. "Vedi quel bozzolo?" chiese.

Ren annuì. "Sì, Maestro. Un giorno da quel bozzolo emergerà una farfalla."

Takuan sorrise. "Esattamente. Ma immagina, Ren, se la farfalla cercasse di emergere troppo presto, o se cercassi di aiutarla a liberarsi tagliando il bozzolo. Cosa accadrebbe?"

Ren rifletté un momento. "La farfalla non sarebbe pronta. Non sarebbe abbastanza forte per volare."

"Esatto," disse Takuan. "Il processo attraverso cui la farfalla deve passare è parte della sua crescita. Ogni sforzo per uscire dal bozzolo, ogni battito delle sue ali nel tentativo di liberarsi, la rende più forte. Senza quel processo, non potrebbe mai volare."

Ren ascoltava attentamente, ma non era ancora sicuro di comprendere il legame con la sua ricerca personale. "Maestro," disse, "cosa ha a che fare questo con la mia ricerca di me stesso?"

Takuan si sedette accanto al giovane monaco e parlò con voce tranquilla. "Tu sei come la farfalla nel bozzolo. Il tuo processo di individuazione è come il suo viaggio verso la libertà. Ogni volta che ti confronti con le aspettative degli altri, con le tue paure e con i condizionamenti della società, stai sforzandoti di liberarti dal bozzolo. Non puoi evitare questo percorso. Ogni passo che fai verso la scoperta di te stesso, anche se difficile, ti rende più forte e ti avvicina alla tua verità interiore."

Ren comprese che il suo viaggio verso la realizzazione non poteva essere accelerato o forzato. Doveva accettare il processo, affrontare i suoi demoni interiori e liberarsi dalle aspettative esterne con pazienza e coraggio.

Il Maestro continuò: "Non puoi cambiare il mondo se prima non hai compiuto il viaggio dell'individuazione. È solo quando hai scoperto il tuo vero Sé che potrai veramente volare libero e lasciare il tuo segno nel mondo. La tua forza non sta nell'evitare il conflitto interiore, ma nell'affrontarlo e uscirne trasformato."

Ren annuì, sentendo che, come la farfalla, anche lui avrebbe trovato il suo volo solo attraverso il processo di trasformazione interiore.

Morale e insegnamento della storia

Immaginate di essere come il giovane monaco Ren. Nella vostra ricerca interiore, vi sentite talvolta intrappolati dalle aspettative esterne: la società, la famiglia, perfino i vostri maestri. Ma come il bozzolo non può essere rotto prima del tempo, così anche il vostro percorso di individuazione richiede pazienza e impegno.

La farfalla non diventa tale senza lo sforzo di liberarsi da sola dal bozzolo. È questo sforzo, questo processo di affrontare le difficoltà, che le dà la forza per volare. Anche voi, attraverso le sfide e i conflitti interiori, crescete e vi trasformate. Ogni volta che vi confrontate con le vostre paure, con i condizionamenti del mondo esterno, vi avvicinate di più alla vostra verità interiore.

Non cercate di evitare o accelerare questo processo. Ogni passo che fate, anche se sembra doloroso o difficile, è parte del vostro percorso verso la realizzazione. Solo quando avrete affrontato e integrato i vostri demoni interiori, le vostre ombre e le parti di voi che ancora non conoscete, potrete trovare la libertà di volare, proprio come la farfalla.

Il segreto non è sfuggire al conflitto, ma abbracciarlo, perché è lì che trovate la vostra forza. Solo dopo aver attraversato il processo di individuazione potrete veramente trasformare il mondo intorno a voi, poiché avrete scoperto chi siete veramente, al di là delle aspettative degli altri.

Il vostro viaggio, come quello di Ren, non è un viaggio verso la perfezione, ma verso la totalità. Continuate a camminare il sentiero, abbracciate il cambiamento, e un giorno scoprirete di avere le ali per volare.

La fiamma interiore

Un insegnamento sul potere

Un giovane monaco di nome Tao viveva in un piccolo tempio tra le montagne. Tao era un monaco diligente e rispettoso, ma sentiva di non avere alcun potere nella sua vita. Si conformava alle aspettative di tutti: il Maestro, gli altri monaci, la sua famiglia. Ogni volta che provava a seguire i propri sentimenti, veniva sopraffatto dal dubbio e dal timore di sbagliare. Si sentiva come una candela che bruciava, ma con una fiamma così debole da non poter illuminare neanche una stanza.

Un giorno, decise di parlare con il suo Maestro, il saggio Kenji. "Maestro," disse Tao, "mi sento prigioniero di me stesso. Non riesco a trovare la forza per cambiare la mia vita o per fare qualcosa di significativo. Come posso scoprire il mio potere?"

Il Maestro Kenji lo guardò con attenzione e rispose: "Vieni con me, ti mostrerò qualcosa." Condusse Tao in una stanza buia del tempio. Al centro della stanza c'era una sola candela accesa. "Guarda questa fiamma," disse il Maestro. "Cosa vedi?"

Tao osservò attentamente. "È una fiamma piccola, Maestro, eppure illumina tutta la stanza."

Kenji annuì. "Proprio così. La sua luce è piccola, ma ha il potere di vincere il buio. Ora, se soffiasse un vento, cosa accadrebbe a questa fiamma?"

"Si spegnerebbe," rispose Tao, un po' preoccupato.

"Non necessariamente," disse Kenji con un sorriso. "Se la fiamma fosse protetta e nutrita, potrebbe resistere al vento, e se il vento fosse usato con saggezza, potrebbe persino accendere una fiamma più grande."

Tao sembrava perplesso. "Maestro, cosa significa questo per me?"

Il Maestro Kenji si avvicinò e mise una mano sulla spalla di Tao. "Il potere che cerchi, giovane, è come questa fiamma. Esso non viene dall'esterno, ma si trova dentro di te. Quando accendi la fiamma della tua verità, del tuo coraggio di essere autentico, cominci a illuminare la tua vita. Il potere non è qualcosa che possiedi come un oggetto, ma è il processo di diventare te stesso, ogni giorno, con ogni scelta."

"Ma come posso trovare il coraggio di agire secondo ciò che sento, se ho paura di commettere errori?" chiese Tao.

Kenji sorrise e rispose: "Il vero potere non ha paura degli errori. Quando sbagli, non è la fine del viaggio, ma una parte di esso. Ogni errore è un passo verso la tua crescita. Il potere cresce quando affronti le tue paure e impari da ogni esperienza. Il fuoco della trasformazione arde solo quando accetti di essere vulnerabile e ti assumi la responsabilità di ciò che sei."

Tao comprese che il suo potere non stava nell'evitare il fallimento, ma nel trovare la forza di rialzarsi, nel vivere in armonia con la propria verità interiore e nell'osare agire, anche quando il cammino sembrava incerto.

Morale e insegnamento della storia

La storia di Tao e della fiamma interiore serve a farvi comprendere un concetto fondamentale: il potere non è qualcosa che ci viene dato dall'esterno, né è un oggetto che possiamo possedere come un tesoro nascosto. Il potere è un processo. Esso nasce quando cominciamo a vivere in modo autentico, fedeli a noi stessi, e non secondo le aspettative degli altri o della società.

La fiamma che vediamo bruciare è piccola, fragile persino, ma possiede il potere di vincere il buio. Questa è la forza della verità interiore: anche se sembra piccola, illumina tutto il nostro mondo. Ma, come il Maestro Kenji insegna a Tao, la fiamma deve essere protetta e nutrita, non temuta. Il vento, che potrebbe sembrare una minaccia, può in realtà trasformarsi in un alleato, se lo affrontiamo con saggezza.

Vedete, il nostro potere interiore cresce ogni volta che osiamo agire in sintonia con ciò che sentiamo essere vero, anche quando abbiamo paura di commettere errori. Questo è il punto cruciale: non dobbiamo evitare l'errore, dobbiamo abbracciarlo. Il vero potere non teme di sbagliare, perché sa che ogni errore porta con sé una lezione preziosa. Ogni volta che ci rialziamo dopo un fallimento, diventiamo più forti, più autentici, più vicini alla nostra essenza.

Ricordate che il potere non è qualcosa che si raggiunge improvvisamente, ma è il risultato di un continuo processo di trasformazione. Ogni scelta che facciamo, ogni volta che agiamo secondo la nostra verità, alimentiamo quella fiamma che ci permette di trasformare il vecchio in qualcosa di nuovo. Questa è la vera forza: la capacità di crescere, di evolverci, di accettare il cambiamento come parte integrante del nostro cammino.

Come la fiamma che si adatta al vento, dobbiamo imparare a non temere le difficoltà o le prove che la vita ci mette davanti. È proprio affrontando questi momenti che scopriamo il nostro vero potere. Solo quando siamo disposti a rischiare, a confrontarci con l'ignoto e a commettere errori, possiamo veramente trovare la nostra strada e lasciare il nostro segno nel mondo.

Il potere non è nella perfezione, ma nella verità.

Il fardello invisibile

Un insegnamento sulla vergogna

Un giovane monaco di nome Shin viveva in un piccolo monastero ai piedi di una montagna. Shin era devoto e disciplinato, ma dentro di sé portava un peso invisibile che non riusciva a scrollarsi di dosso: la vergogna. Ogni volta che si confrontava con i suoi compagni, sentiva di non essere all'altezza. Si giudicava costantemente, ascoltava una voce interiore che lo accusava di essere inferiore, di non meritare il suo posto nel monastero.

Un giorno, decise di cercare consiglio dal suo Maestro, il saggio Ryokan, e gli confessò: "Maestro, mi sento bloccato. Ogni volta che tento di meditare o di praticare, un senso di vergogna mi paralizza. Mi sento inadeguato, come se non fossi degno di far parte di questo tempio. Come posso liberarmi di questo peso?"

Il Maestro Ryokan, che era noto per la sua saggezza e calma, lo condusse al fiume che scorreva vicino al monastero. "Vieni con me, Shin," disse il Maestro. "Voglio mostrarti qualcosa."

Una volta arrivati al fiume, Ryokan si fermò accanto a una grande roccia che ostruiva il flusso dell'acqua. "Guarda questo fiume," disse. "Vedi come l'acqua si accumula dietro la roccia? Il flusso naturale viene bloccato da questo ostacolo."

Shin osservò attentamente. "Sì, Maestro, vedo. L'acqua non può scorrere liberamente finché la roccia è lì."

Ryokan annuì. "La tua vergogna è come questa roccia. Blocca il flusso naturale della tua energia, impedendoti di agire con spontaneità e potere. Quando permetti alla vergogna di dominare i tuoi pensieri, stai creando una barriera tra te e il tuo vero potenziale."

Shin lo guardò con occhi interrogativi. "Maestro, come posso allora rimuovere questa roccia? Come posso far scorrere di nuovo l'acqua?"

Il Maestro sorrise con dolcezza. "La roccia non si rimuove con la forza. La sua presenza va compresa. La vergogna è un giudizio che ti sei imposto, una voce che ti dice che non sei abbastanza. Ma quella voce non è reale. È solo un'illusione che hai imparato a credere. Quando ti rendi conto che non devi essere perfetto per essere degno, che i tuoi errori fanno parte del tuo cammino, allora la roccia comincerà a erodersi da sola."

"Ma come posso accettare i miei errori senza sentire vergogna?" chiese Shin.

"Guarda il fiume," disse Ryokan. "L'acqua non giudica la roccia. Semplicemente la circonda, la accoglie, e continua a fluire. Così dovresti fare con i tuoi errori e con la tua vergogna. Quando cadi, quando ti senti inadeguato, non condannarti. Accetta ciò che è, impara da esso, e continua a scorrere. La vergogna si dissolve quando smetti di alimentarla con il giudizio."

Shin rifletté profondamente su quelle parole. Comprese che il suo potere personale non poteva emergere finché permetteva alla vergogna di bloccare il suo flusso interiore. Come l'acqua del fiume, doveva imparare a fluire, accettando i suoi errori e vivendo in armonia con se stesso, senza cercare di essere perfetto agli occhi degli altri.

La lezione del Maestro era chiara: il potere vero nasce dalla capacità di accettarsi e di lasciare che l'energia scorra, nonostante gli ostacoli. Il fardello della vergogna è un'illusione che può essere dissolta solo con la comprensione e l'accettazione. Quando Shin riuscì a vedere oltre i suoi stessi giudizi, cominciò a sentire una nuova leggerezza, come se l'acqua del suo spirito scorresse finalmente libera.

Morale e insegnamento della storia

Immaginate di trovarvi di fronte a un fiume. L'acqua scorre fluida, leggera, portando con sé la vita. Ma, ad un certo punto, si incontra con una grande roccia, e il flusso si ferma. L'acqua si accumula, si agita, cerca una via, ma l'ostacolo la costringe a fermarsi, a stagnare.

Questa roccia, nella nostra vita, è la vergogna. È ciò che blocca il fluire naturale della nostra energia, impedendoci di muoverci con spontaneità e potenza. Quando permettiamo alla vergogna di prendere il controllo, ci giudichiamo severamente. Ci sentiamo piccoli, indegni, come se non meritassimo di vivere pienamente.

Ma, come il Maestro Ryokan ha insegnato al giovane Shin, la roccia non può essere rimossa con la forza. Non possiamo semplicemente lottare contro la vergogna e sperare di sconfiggerla. Dobbiamo comprenderla. La vergogna è una voce nella nostra mente, una voce che ci dice di non essere abbastanza. Ma questa voce non è la verità. È solo un'illusione che abbiamo imparato a credere.

Il vero potere sta nell'accettare questa illusione, nel vedere oltre i nostri giudizi. Quando ci rendiamo conto che non dobbiamo essere perfetti per essere degni, che i nostri errori fanno parte del nostro percorso, la vergogna comincia a dissolversi, come la roccia che, col tempo, viene erosa dall'acqua.

E proprio come il fiume non giudica la roccia, così noi non dobbiamo giudicare i nostri errori. Accettiamoli, impariamo da loro, e lasciamo che il nostro spirito continui a fluire. Non cercate di essere perfetti, non cercate di combattere contro voi stessi. Il potere nasce dall'accettazione e dalla comprensione.

Quando smettiamo di alimentarci di giudizi e di vergogna, l'energia torna a scorrere liberamente, e con essa, il nostro vero potere emerge.

Questa è la lezione: il fiume della vita scorre meglio quando non ci fermiamo a giudicare, ma semplicemente accettiamo e continuiamo il nostro cammino.

La via di mezzo tra il dovere e il desiderio

Un insegnamento sulla volontà

In un piccolo monastero, viveva un monaco di nome Haru. Fin dalla sua giovinezza, Haru aveva sempre seguito con devozione tutte le regole e i compiti che gli venivano assegnati, senza mai mettere in dubbio ciò che gli veniva detto. Tuttavia, dentro di lui cresceva un senso di vuoto. Sebbene fosse obbediente e diligente, sentiva che qualcosa mancava nella sua vita. Un giorno, decise di cercare consiglio dal suo Maestro, il saggio Aiko.

"Maestro," disse Haru, "seguo tutte le regole e faccio tutto ciò che mi viene richiesto, ma non sento alcuna gioia o senso di scopo. Cosa dovrei fare?"

Il Maestro Aiko sorrise e rispose: "Dimmi, Haru, perché segui queste regole? Perché fai ciò che ti viene detto?"

Haru esitò. "Perché è ciò che devo fare, Maestro. È ciò che mi è stato insegnato."

Aiko annuì lentamente. "Capisco. E cosa faresti se non ci fosse nulla che devi fare?"

Haru rimase in silenzio. Non aveva mai considerato questa possibilità. "Non lo so, Maestro. Non so cosa desidero veramente. Ho sempre cercato di fare quello che gli altri mi dicevano fosse giusto."

Il Maestro si avvicinò a una piccola lanterna che ardeva vicino a loro. "Vedi questa fiamma, Haru? Brucia perché ha un combustibile che la nutre. Senza questo combustibile, la fiamma si spegnerebbe. Allo stesso modo, la tua volontà è il combustibile della tua vita. Se fai le cose solo perché devi, senza nutrire il tuo desiderio interiore, la tua fiamma si indebolisce."

Haru guardò la fiamma danzare. "Ma come posso sapere cosa desidero davvero, Maestro? Ho sempre cercato di fare ciò che gli altri mi chiedono."

Il Maestro sorrise con saggezza. "Il desiderio nasce dalla tua stessa volontà, non da quella degli altri. Quando inizi a chiederti cosa vuoi davvero, quando impari a riconoscere i tuoi bisogni e i tuoi sogni, stai alimentando la tua volontà. Non si tratta di ribellione o egoismo, ma di trovare una via di mezzo tra il dovere e il desiderio."

"Ma come posso farlo?" chiese Haru. "Non voglio disobbedire, ma non voglio nemmeno sentirmi vuoto."

"Non devi scegliere tra l'uno o l'altro," rispose il Maestro Aiko. "La vera forza non viene dall'obbedienza cieca, ma dalla volontà consapevole. Quando segui la tua strada con intenzione, trovi un equilibrio. Obbedire senza riflettere rende la tua volontà debole. D'altra parte, agire solo per soddisfare i propri desideri senza considerare il bene degli altri può condurti verso l'egoismo."

Haru rifletté profondamente su quelle parole. Per la prima volta, si rese conto che non aveva mai chiesto a se stesso cosa desiderava veramente. Cominciò a capire che non doveva vivere seguendo soltanto ciò che gli veniva detto, ma che doveva anche ascoltare la sua voce interiore.

Morale e insegnamento della storia

La morale della storia è chiara: la volontà non deve essere prestata agli altri senza riflessione, né deve essere spinta all'estremo dell'egoismo. Il vero potere nasce quando impariamo ad ascoltare noi stessi, bilanciando il dovere con il nostro desiderio interiore. Solo allora, come la fiamma che trova il suo combustibile, la nostra vita può brillare con piena intensità e significato.

Immaginate di essere come il monaco Haru. Sin dall'infanzia, egli seguiva con scrupolo ogni regola, obbediva ai suoi superiori senza mai mettere in discussione nulla, e così facendo, si guadagnava il rispetto degli altri. Ma dentro di sé, Haru avvertiva un vuoto. Nonostante la sua dedizione e il suo impegno, mancava qualcosa: una scintilla, una gioia interiore.

Un giorno, incapace di ignorare più a lungo quel vuoto, Haru si recò dal suo Maestro, il saggio Aiko. "Maestro," disse Haru, "faccio tutto ciò che devo fare, eppure non mi sento completo. Cosa posso fare per trovare pace?"

Il Maestro non rispose subito. Lo condusse vicino a una piccola lanterna e disse: "Guarda questa fiamma, Haru. Brucia luminosa perché ha il suo combustibile, qualcosa che la nutre e le permette di continuare a splendere. Senza di esso, si spegnerebbe. Così è la tua volontà: se segui soltanto ciò che ti viene detto senza mai ascoltare i tuoi desideri, la tua fiamma interiore si spegnerà."

Haru rifletté su queste parole e chiese: "Maestro, come posso sapere cosa desidero veramente? Da sempre ho fatto ciò che gli altri si aspettavano da me."

Il Maestro Aiko sorrise. "Il tuo desiderio nasce dalla tua volontà, non da ciò che gli altri ti dicono. Ogni volta che segui solo il dovere, la tua fiamma si affievolisce. Ma il vero equilibrio si trova nel camminare tra il dovere e il desiderio, tra ciò che senti dentro e ciò che ti viene chiesto di fare."

Allora, Haru iniziò a comprendere: la vita non si basa solo sull'obbedire senza riflettere, né sull'agire in modo egoistico. La via di mezzo è quella di ascoltare se stessi, di riconoscere i propri desideri senza ignorare le responsabilità verso gli altri.

Ecco la lezione: non possiamo vivere solo per compiacere gli altri, obbedendo acriticamente. La nostra volontà è la fiamma che guida il nostro cammino, e dobbiamo alimentarla con i nostri desideri e la nostra intenzionalità. Tuttavia, non dobbiamo neppure cadere nell'egoismo, ignorando il bene altrui.

La vera forza, come ci insegna questa storia, è nel trovare un equilibrio tra il dovere e il desiderio. Solo quando impariamo a camminare su questa via di mezzo, la nostra fiamma interiore potrà ardere con chiarezza, illuminando il nostro cammino e quello degli altri.

4° Chakra

Quarto Chakra – Anahata: il centro del cuore e dell'amore incondizionato

In un tranquillo villaggio sulle colline, viveva un monaco di nome Hiro, conosciuto per la sua saggezza e il suo cuore aperto. Hiro trascorreva le giornate insegnando ai discepoli e curando il giardino del tempio, ma dentro di sé sentiva che c'era qualcosa di più profondo, un'armonia che ancora gli sfuggiva.

Un giorno, uno dei suoi discepoli, un giovane di nome Ryu, gli chiese: "Maestro, come possiamo amare davvero senza temere di essere feriti o di soffrire?"

Hiro portò Ryu in un angolo del giardino, dove un unico fiore verde vibrava con forza. "Vedi questo fiore?" chiese Hiro. "Esso cresce al centro del nostro giardino, né troppo in alto né troppo in basso. È qui, nel mezzo, dove la terra incontra il cielo. Questo è il centro del cuore, il luogo in cui risiede l'amore incondizionato."

Ryu osservò il fiore, stupito dalla sua bellezza. "Maestro, come possiamo raggiungere questo centro del cuore? A volte provo amore per gli altri, ma altre volte temo di essere rifiutato."

Hiro sorrise e rispose: "L'amore non è solo un sentimento, ma uno spazio in cui scegliamo di essere. Quando accogliamo il mondo con compassione e senza aspettative, il cuore diventa come questo fiore: aperto, ma fermo. Non richiede nulla, non teme nulla. Offre la sua essenza e lascia che la vita fluisca attraverso di lui, senza trattenere né respingere."

Ryu ascoltò in silenzio, mentre Hiro continuava: "Imparare ad amare non significa evitare il dolore o la perdita, ma accogliere ogni esperienza, sapendo che nulla può danneggiare la vera essenza del cuore. Proprio come questo fiore, il cuore trova la sua forza nell'equilibrio. Non possiamo vivere solo per gli altri né solo per noi stessi; dobbiamo invece fiorire al centro, nutrendo sia la terra che il cielo."

Da quel giorno, Ryu imparò che amare significava offrire il proprio essere con sincerità, senza paura e senza condizioni. Imparò a vivere come il fiore verde, al centro di sé stesso, irradiando armonia e compassione.

Il cuore ferito e la compassione che guarisce

Un insegnamento sul dolore

Un giovane monaco di nome Kenji viveva in un tranquillo monastero tra le colline. Kenji era noto per la sua gentilezza e per la sua dedizione, ma il suo cuore portava un fardello segreto: un dolore profondo, nato da una ferita d'amore. Molto tempo prima, si era aperto a una persona cara, offrendo la sua fiducia e il suo affetto più puro. Ma quell'amore era stato tradito, e da allora, Kenji sentiva il suo cuore chiudersi, come se fosse avvolto da una pesante catena. Si sforzava di continuare la sua vita monastica, ma dentro di sé, sentiva di essere morto.

Un giorno, incapace di sopportare più quel peso, decise di cercare aiuto dal suo Maestro, il saggio Daichi. "Maestro," disse Kenji con la voce rotta, "il mio cuore è chiuso. Non riesco più a sentire amore né gioia. Ogni volta che tento di aprirmi, sento solo dolore. Cosa posso fare per liberarmi da questo fardello?"

Il Maestro Daichi lo guardò con compassione e lo condusse in silenzio a un giardino del tempio, dove crescevano rigogliosi alberi di ciliegio. "Guarda questi alberi, Kenji," disse il Maestro. "Ogni primavera fioriscono, offrendo al mondo la loro bellezza. Ma durante l'inverno, sembrano morti, spogli e silenziosi. Eppure, non smettono di vivere, nonostante il gelo."

Kenji osservò gli alberi, ma non riuscì a capire. "Cosa significa, Maestro?"

Daichi si avvicinò e sfiorò con delicatezza il tronco di un albero. "Come questi alberi, il tuo cuore è stato colpito dal gelo del dolore. Si è chiuso per proteggersi, come fa un albero durante l'inverno. Ma se continui a negare quel dolore, se lo lasci irrisolto, il tuo cuore rimarrà bloccato nell'inverno. Quando riconosci il tuo dolore, però, quando lo affronti e lo lasci scorrere, il tuo cuore inizia a sciogliersi, proprio come questi alberi si preparano a fiorire di nuovo in primavera."

Kenji abbassò lo sguardo, sentendo le lacrime affiorare. "Ma come posso aprire il mio cuore, Maestro? Ho paura che il dolore sia troppo grande."

Il Maestro posò una mano sul suo petto. "Il dolore è una porta, Kenji. Solo attraversandola potrai trovare la guarigione. Non c'è forza senza vulnerabilità. Se permetti a te stesso di piangere, di riconoscere la tua sofferenza, troverai una nuova spazialità nel cuore. Non solo il dolore si alleggerirà, ma scoprirai anche una compassione più profonda per te stesso e per gli altri. Quando il tuo cuore si apre al dolore, si apre anche alla vita."

Kenji lasciò che le lacrime scorressero liberamente. In quel momento capì che il suo dolore non era solo una ferita, ma anche una strada verso una nuova consapevolezza. "E la compassione, Maestro?" chiese Kenji tra le lacrime.

"Quando vieni a patti con il tuo dolore, capirai il dolore degli altri. La compassione è la luce che nasce dalla nostra stessa ferita. Solo chi conosce il dolore può veramente comprendere e amare. E quando impariamo a guarire il nostro cuore, diventiamo guaritori per il mondo intero."

Morale e insegnamento della storia

La storia tratta della fragilità e della forza del cuore, della connessione tra dolore e compassione. Parla di un giovane monaco di nome Kenji, il cui cuore era gravato da un dolore profondo, una ferita lasciata da un amore tradito. Come molti di noi, Kenji si era chiuso in se stesso per proteggersi. Sentiva di essere morto dentro, incapace di provare amore o gioia.

Quando il dolore colpisce, ci sentiamo persi, bloccati, come se il cuore si chiudesse in una morsa gelida. Questo è quello che accadde a Kenji. Dentro di sé, desiderava liberarsi da quel fardello, ma non sapeva come fare. Cercò consiglio dal suo Maestro, Daichi, che con saggezza lo condusse in un giardino di alberi di ciliegio. Gli mostrò quegli alberi apparentemente spogli e morti durante l'inverno, ma che in realtà erano vivi, pronti a fiorire di nuovo in primavera.

Vedete, il Maestro voleva insegnargli che il cuore, quando è ferito, tende a chiudersi come fanno gli alberi durante il freddo dell'inverno. Ma, proprio come la primavera segue l'inverno, il cuore può fiorire di nuovo, se solo permettiamo al nostro dolore di scorrere, senza trattenerlo o negarlo. Kenji non riusciva a capire inizialmente. Aveva paura che affrontare il dolore lo avrebbe schiacciato. Ma il Maestro Daichi gli insegnò che il dolore, piuttosto che essere un nemico, è una porta. Una porta verso la guarigione, verso una maggiore comprensione di se stessi e del mondo.

Quando affrontiamo il dolore, quando lo accogliamo, smettiamo di essere schiavi della nostra sofferenza. Le lacrime che versiamo non ci indeboliscono, ma ci purificano. Il cuore, svuotato dal peso del dolore non espresso, si apre e si alleggerisce. Il respiro diventa più profondo, e dentro di noi si crea uno spazio per la speranza, per la rinascita.

Ma non è tutto. Quando impariamo a riconoscere e accogliere il nostro dolore, diventiamo più compassionevoli verso gli altri. Come disse il Maestro a Kenji: solo chi ha conosciuto il dolore può veramente comprendere e amare. La compassione nasce dal riconoscimento delle nostre stesse ferite. E, proprio come il cuore si apre al dolore, si apre anche alla vita e all'amore.

Il dolore è inevitabile, ma non è eterno. Non abbiate paura di sentirlo, di lasciarlo fluire attraverso di voi. Quando accettiamo il dolore e lo affrontiamo con coraggio, scopriamo una nuova forza e una nuova sensibilità. Il cuore ferito, una volta guarito, è capace di amore e compassione più profondi. E non solo ci guariamo, ma diventiamo anche una fonte di guarigione per gli altri.

Come gli alberi che fioriscono dopo l'inverno, anche il vostro cuore può trovare nuova vita e speranza, se solo lo permettete. E quando lo fate, la compassione diventa la vostra guida e il mondo, attraverso di voi, fiorisce di amore e gentilezza.

Il loto del cuore e l'equilibrio dell'amore

Un insegnamento sull'equilibrio

In un antico monastero nascosto tra le montagne, viveva un monaco di nome Sora. Sora era noto per la sua saggezza e per la sua profonda comprensione della meditazione. Tuttavia, c'era una questione che lo tormentava: nonostante tutti i suoi studi e le sue pratiche, sentiva un profondo squilibrio dentro di sé. Sapeva di avere una mente acuta e un corpo disciplinato, ma il suo cuore sembrava diviso, come se una parte di lui fosse in conflitto con l'altra.

Un giorno, mentre meditava sotto un albero di pino, decise di cercare il consiglio del suo anziano Maestro, Haruki, che si diceva avesse una comprensione profonda del cuore e del suo equilibrio. Sora si inginocchiò davanti al Maestro e parlò del suo tormento. "Maestro, ho dedicato anni alla pratica, alla meditazione, ma il mio cuore è diviso. Sento come se una parte di me volesse ascendere verso lo spirito e un'altra fosse ancorata alla materia. Come posso trovare pace in questo conflitto?"

Il Maestro Haruki ascoltò in silenzio e poi lo condusse a una piccola stanza del tempio, dove sul pavimento c'era un antico disegno: un loto con dodici petali che racchiudeva una stella a sei punte, formata da due triangoli intersecanti. Indicando il disegno, Haruki disse: "Questo è il simbolo del chakra del cuore, il centro dell'equilibrio. Guarda attentamente i due triangoli. Uno punta verso il basso, verso la terra, e l'altro verso l'alto, verso il cielo. Entrambi si incontrano nel cuore, ma non per competere, bensì per integrarsi. È qui che lo spirito discende nella materia e la materia si eleva verso lo spirito."

Sora osservò il disegno con attenzione, ma il significato gli sfuggiva. "Cosa significa per me, Maestro? Come può questo simbolo aiutarmi a trovare l'equilibrio dentro di me?"

Il Maestro sorrise. "Il cuore è il punto centrale di tutto il nostro essere. È il luogo dove mente e corpo, spirito e materia si incontrano. Se cerchi di separare queste forze, creerai divisione dentro di te. Ma se permetti a entrambe di coesistere, troverai equilibrio. Il loto con i suoi dodici petali rappresenta i molteplici aspetti del nostro essere: mente, corpo, maschile, femminile, persona e ombra. Tutti questi aspetti devono essere integrati per creare armonia."

Sora rifletté su queste parole. "E come posso trovare questo equilibrio, Maestro? Il mondo è pieno di forze opposte. Come posso mantenere l'armonia dentro di me?"

Haruki lo condusse fuori, sotto il cielo sereno, e indicò il sole che stava tramontando. "Osserva il sole, Sora. Ogni giorno sale in cielo per illuminare il mondo, e ogni sera scende per far spazio alla notte. Eppure, questo movimento non è in conflitto; è parte di un ciclo naturale. Anche dentro di te, c'è un ciclo di forze. A volte, devi permettere alla tua mente di elevarsi, altre volte devi lasciare che il tuo corpo radichi nella terra. Il segreto è trovare il giusto equilibrio tra dare e ricevere, tra lavorare e riposare, tra aprirti agli altri e rimanere in solitudine. Solo quando bilanci queste energie dentro di te, potrai davvero aprire il cuore e vivere in armonia."

Sora cominciò a comprendere. Il suo squilibrio non era dovuto a una forza contro l'altra, ma alla sua incapacità di integrare questi aspetti. Doveva trovare un modo per permettere a tutte le parti di sé di coesistere in armonia.

Morale e insegnamento della storia

Il cuore è il centro di tutto il nostro essere, il luogo dove le forze opposte possono incontrarsi e armonizzarsi. Se ci sforziamo di separare le nostre diverse parti, la mente e il corpo, lo spirito e la materia, creiamo conflitti interni. Ma se, come il loto, permettiamo a tutti gli aspetti di coesistere, possiamo trovare equilibrio.

Ma come fare? Il Maestro Haruki portò Sora a osservare il ciclo naturale del sole. Ogni giorno il sole sorge e illumina, ma alla sera deve anche scendere, facendo spazio alla notte. Non c'è conflitto in questo movimento; è un ciclo di vita. Lo stesso avviene dentro di noi. Dobbiamo imparare a bilanciare le nostre energie: a volte, lasciamo che la nostra mente si elevi, altre volte radichiamo il nostro corpo nella terra.

Ecco la seconda lezione: il segreto è l'equilibrio tra dare e ricevere, tra il lavoro e il riposo, tra l'apertura agli altri e il tempo da trascorrere in solitudine. Se non riusciamo a trovare questo equilibrio, ci sentiremo sempre in conflitto, come Sora. Dobbiamo ascoltare le nostre diverse parti e permettere loro di coesistere in armonia.

Infine, c'è un insegnamento cruciale: il nostro squilibrio non è il risultato di forze contrapposte, ma della nostra incapacità di integrare queste forze. Proprio come un loto, che cresce attraverso l'acqua e si apre al sole, anche noi dobbiamo permettere a tutte le parti di noi stessi di emergere e unirsi. Solo così potremo vivere in armonia e aprire il nostro cuore.

Cercate sempre l'equilibrio dentro di voi. Siate come il loto, radicati nella terra ma aperti verso il cielo, affinché il vostro cuore possa riflettere la bellezza dell'unione tra tutte le vostre parti. Così, troverete la vera pace e l'autenticità nel vostro cammino.

La danza di Eros e Thanatos

Un insegnamento sulla danza tra due forze potenti

In un antico villaggio, c'era un giovane monaco di nome Ryu, noto per la sua profonda saggezza, ma anche per il suo cuore inquieto. Aveva trascorso anni immerso nella meditazione e nello studio, cercando la verità sull'amore e sulle relazioni. Nonostante la sua pace esteriore, dentro di lui ardeva una domanda: "Perché l'amore, che porta così tanta gioia, porta anche dolore?"

Un giorno, incapace di risolvere questo enigma, decise di andare dal suo Maestro, l'anziano Kaito, che aveva guidato molti monaci attraverso i misteri della vita e della morte. Ryu si inginocchiò davanti al Maestro e disse: "Maestro, parliamo spesso dell'amore come una forza che ci unisce, che ci espande e ci illumina. Ma ogni volta che apro il cuore all'amore, alla fine vengo travolto dal dolore e dalla separazione. Come posso trovare la pace in questo conflitto tra l'unione e la perdita?"

Il Maestro Kaito, senza dire una parola, condusse Ryu in un giardino.

Al centro del giardino, c'era un bellissimo fiore di loto, che galleggiava sull'acqua limpida di un piccolo stagno. Il Maestro indicò il fiore e disse: "Questo loto, come l'amore, sorge dall'acqua oscura. È attratto dalla luce, si espande, ma le sue radici rimangono sempre nascoste nel fango."

Ryu guardò il fiore, cercando di capire il significato delle parole del Maestro. "Maestro, cosa ha a che fare questo fiore con il mio tormento? Perché l'amore, che ci fa ascendere, ci lascia poi intrappolati nel dolore?"

Il Maestro si sedette accanto allo stagno e disse: "L'amore è come una danza tra Eros e Thanatos. Eros, la forza della vita e dell'unione, ci solleva verso l'alto, verso la luce, ci fa sentire parte di qualcosa di più grande. Ma Thanatos, la forza della separazione e della morte, è sempre presente nell'ombra. Ogni volta che ci uniamo, Thanatos ci ricorda che anche la separazione è inevitabile. Non possiamo avere l'uno senza l'altro."

Ryu scosse la testa. "Maestro, significa che ogni amore è destinato a finire nel dolore?"

Kaito sorrise con compassione. "Non è l'amore a causare dolore, ma la nostra resistenza al fluire naturale delle cose. Quando vogliamo solo l'unione, senza accettare la separazione, Thanatos diventa una forza terribile, che ci travolge e ci lascia impotenti. Ma se onoriamo la separazione come parte della danza, possiamo trovare un equilibrio. Il segreto non è evitare la fine, ma accogliere il ciclo di unione e distacco come due passi inseparabili di una stessa danza."

Il giovane monaco rifletté profondamente. "Quindi, Maestro, devo accettare che l'amore porti sia gioia che dolore? Che l'unione e la separazione siano parte della stessa verità?"

Il Maestro annuì. "Esattamente. Quando accettiamo la separazione, la distanza, i momenti di incomprensione e allontanamento, come parte naturale dell'amore, Eros può rinnovarsi. È come il fiore di loto che ogni giorno si apre e si chiude, ma non smette mai di esistere. Onora la presenza di Thanatos nel cuore delle tue relazioni, non come un nemico, ma come un insegnante. Solo così potrai vivere l'amore senza timore."

Morale e insegnamento della storia

Immaginate di essere in un tranquillo giardino, simile a quello della nostra storia. Come quel fiore di loto che galleggia sull'acqua, anche l'amore fiorisce, ma non può farlo senza le sue radici nascoste nel fango.

L'amore è una danza tra due forze potenti: Eros, la forza della vita che ci attira verso l'unione, e Thanatos, la forza della separazione, che sembra spezzare quell'unione. Pensate a queste forze come a due parti inseparabili dell'esistenza. Ogni volta che l'amore vi solleva, vi fa sentire leggeri e pieni di vita. Ma insieme all'unione arriva sempre anche il rischio della separazione, dei conflitti, delle incomprensioni.

Ora, è normale pensare che la separazione sia una minaccia da temere, ma, come ci insegna la storia di Ryu, il vero problema non è l'amore stesso, né la separazione che lo accompagna. Il dolore nasce quando ci aggrappiamo solo all'idea di un'unione perfetta e ci rifiutiamo di accettare che anche la separazione faccia parte della stessa danza.

Come il sole sorge e tramonta, come le onde del mare si infrangono e si ritirano, così anche nelle relazioni c'è un flusso: momenti di vicinanza e momenti di distanza, comprensioni e incomprensioni. Se riusciamo ad accettare questo movimento naturale, l'amore potrà sempre rinnovarsi, proprio come il loto che si chiude e riapre ogni giorno.

L'amore non è solo gioia, né solo dolore. È l'integrazione di entrambe le forze. Non possiamo conoscere davvero la bellezza di Eros se non rispettiamo anche Thanatos. Quando accettiamo che l'unione e la separazione siano entrambi passi della stessa danza, troviamo una pace più profonda. L'amore fiorisce quando abbracciamo sia la luce che l'ombra, senza timore, permettendo alla nostra relazione con l'altro e con noi stessi di evolversi, crescere, trasformarsi. Solo così, l'amore può fiorire, ancora e ancora.

Il cuore come ponte dell'arcobaleno

Un insegnamento sul mistero dell'amore

Un giovane monaco di nome Jun era rinomato per la sua dedizione alla disciplina e alla meditazione. Un giorno, il Maestro Haru notò che, nonostante la forza e la determinazione di Jun, c'era una rigidità nel suo comportamento, un distacco che lo rendeva incapace di comprendere davvero gli altri. Decise quindi di condurlo al giardino del tempio, dove cresceva un grande albero di sakura.

Il Maestro Haru posò una mano sul tronco dell'albero e disse: "Jun, dimmi, cosa provi quando guardi questo albero in fiore?"

Jun lo osservò e rispose: "Vedo un albero forte, ben radicato, che cresce verso il cielo. È resistente, è equilibrato. Ma è solo un albero, Maestro."

Haru sorrise, riconoscendo che Jun stava vedendo solo metà della verità. "Immagina," continuò il Maestro, "che quest'albero non cresca solo verso il cielo, ma abbia rami che si protendono in ogni direzione. È ben radicato nel terreno, ma i suoi fiori si aprono al mondo intorno, emanando fragranza e bellezza. Crescendo, l'albero trova l'equilibrio perfetto tra la terra che lo nutre e il cielo che lo illumina."

Jun rimase in silenzio, riflettendo, e il Maestro proseguì: "Così come questo albero, il cuore umano è il ponte tra la terra e il cielo. È un centro sacro, come un arcobaleno, che si espande verso l'alto e verso l'esterno. Ma è nell'amore, nell'apertura, che il cuore manifesta la sua vera essenza. E l'amore non è solo un sentimento; è l'energia che dissolve l'ego, come un fuoco che brucia le nostre barriere interiori, rendendo il mondo più luminoso e pieno di significato."

Jun abbassò lo sguardo, sentendo emergere qualcosa in lui. "Maestro, se il cuore è un ponte, come possiamo attraversarlo senza essere travolti dalle emozioni? L'amore non ci rende vulnerabili?"

Il Maestro Haru annuì con dolcezza. "Esattamente, Jun. Amare significa abbassare le difese, e questo ci spinge oltre noi stessi, verso un mondo più ampio. Quando ci innamoriamo, diventiamo come l'albero in fiore: ogni ramo è aperto, ogni petalo accoglie la luce. È qui che le nostre ombre nascoste emergono, ma attraverso l'amore, esse trovano una via per guarire. Solo accettando la nostra vulnerabilità possiamo scoprire chi siamo veramente e rivelare la nostra essenza."

Jun chiuse gli occhi, sentendo il calore nel suo cuore. Capì che l'amore è il punto di equilibrio tra la forza e la dolcezza, tra la paura e la fiducia.

Morale e insegnamento della storia

Questa storia sul giovane monaco Jun e il suo incontro con l'albero di sakura ci mostra il segreto più profondo del cuore, il ponte tra cielo e terra, tra l'ego e la pura coscienza. Il cuore, infatti, non è solo il luogo delle emozioni; è il centro dell'equilibrio, dove si incrociano e si fondono le forze della realtà terrena e quelle del cielo, unendo le radici con la luce.

Crescere, come fa l'albero, vuol dire saper radicare le proprie esperienze nel mondo, ma allo stesso tempo espandersi in tutte le direzioni: questa è la vita vera, che ci insegna ad aprire il cuore. E il cuore, aprendosi, svela l'amore. Ma sappiate, giovani, che l'amore non è un possesso o un desiderio. È una forza che dissolve i confini dell'ego. È il fuoco che brucia l'illusione di separazione e rende ogni cosa più luminosa e piena di significato.

Jun temeva di essere troppo vulnerabile nell'amare. Ma riflettete: cosa significa essere vulnerabili? Significa lasciare che la nostra vera essenza, le nostre ombre e insicurezze, siano viste e accettate. Solo così il cuore si espande e permette alla luce di entrare. È come i fiori del sakura che, sbocciando, si espongono al sole: così è il cuore, che sboccia e si espone alla vita stessa.

Non temete di abbassare le difese. L'amore ci mostra il nostro riflesso, ci costringe a vedere chi siamo davvero e a trovare il coraggio di abbracciarlo. In questo incontro con l'altro, non solo scopriamo un mondo più vasto, ma ci risvegliamo al nostro stesso Sé, poiché è attraverso il cuore che percepiamo la scintilla divina dentro di noi. Più ci apriamo, più il nostro orizzonte si allarga e la nostra vera essenza si manifesta.

Perciò, la prossima volta che vi troverete di fronte a un vostro limite o a una vostra paura, ricordate l'albero e il suo cuore aperto al cielo. Abbracciate la vulnerabilità come un dono, poiché essa è il passaggio verso una coscienza più ampia. Amare significa accettare noi stessi come parte di qualcosa di più grande, qualcosa che trascende il nostro ego e illumina il nostro cammino.

Attraverso il cuore, cari allievi, non solo incontriamo il mondo, ma scopriamo la nostra essenza più pura.

L'armonia delle forze interiori

Un insegnamento sull'intimità

Un giovane monaco di nome Ren era noto per la sua gentilezza e disponibilità verso gli altri, ma faticava a trovare pace dentro di sé. Pur essendo apprezzato per il suo altruismo, spesso si sentiva vuoto, stanco, e insicuro. Un giorno, il Maestro Li lo chiamò a sé e gli chiese: "Ren, cosa ti spinge a dedicarti così tanto agli altri?"

Ren rispose con un po' di esitazione: "Maestro, temo di non essere abbastanza. Sento che devo fare di più, come se qualcosa in me non fosse completo."

Il Maestro Li osservò il giovane monaco, percependo la lotta interiore di Ren. Senza dire nulla, lo portò vicino a uno specchio d'acqua tranquillo nel giardino del tempio. "Guarda il riflesso della luna nell'acqua," disse il Maestro. "Cosa vedi?"

Ren rispose: "Vedo la luna riflessa. È lì, bella e luminosa."

Il Maestro annuì. "Ora getta un sasso nell'acqua." Ren obbedì, e il sasso increspò la superficie, spezzando il riflesso in mille frammenti.

"Vedi," disse il Maestro Li, "così è il nostro cuore. Quando è sereno, riflette la bellezza e la verità del nostro essere. Ma se manca l'equilibrio, come le onde che turbano l'acqua, perdiamo la capacità di vedere noi stessi e, di conseguenza, anche gli altri."

Ren rimase in silenzio, mentre il Maestro continuava: "La vera intimità, Ren, inizia dal conoscere noi stessi, amandoci e accettandoci, così come la luna è intera e perfetta nel suo riflesso. Se getti pietre di giudizio e vergogna nel tuo cuore, come puoi aspettarti di riflettere amore o serenità? Solo quando smetti di disturbare la tua essenza, accettando ogni tua parte, puoi aprirti veramente agli altri."

Ren chiuse gli occhi, lasciando che quelle parole risuonassero nel suo cuore. Capì che il vero amore per gli altri nasce dal rispetto per se stessi, dal silenzio che ci permette di vedere il nostro Sé con chiarezza e gentilezza.

Morale e insegnamento della storia

Il giovane monaco Ren conosceva bene l'arte dell'altruismo, ma non quella della pace interiore. Era gentile e si dedicava agli altri, eppure dentro di lui c'era un vuoto, un'insoddisfazione che sembrava non trovare mai quiete.

Un giorno, il Maestro Li gli fece una domanda diretta: "Perché dedichi così tanto di te agli altri, Ren?"
Il giovane monaco rispose, con un pizzico di esitazione: "Temo di non essere abbastanza, Maestro. Penso che solo dando tutto di me potrò colmare questa sensazione di incompletezza."

Allora, il Maestro Li lo condusse vicino a un tranquillo specchio d'acqua e indicò il riflesso della luna sulla sua superficie calma, dicendo: "Cosa vedi, Ren?"
"Vedo la luna, perfetta e luminosa," rispose Ren.

Il Maestro gli chiese di gettare un sasso nell'acqua. E il riflesso della luna, spezzato dalle onde, si frammentò in mille pezzi tremolanti.

Il Maestro spiegò che il riflesso spezzato è come il nostro cuore quando è agitato dal giudizio e dal dubbio. Senza equilibrio interiore, non possiamo vedere né noi stessi né gli altri con chiarezza. La serenità, invece, riflette la bellezza del nostro vero essere. Ma per raggiungerla dobbiamo prima conoscerci e accettarci, con tutte le nostre fragilità e ombre, come la luna che si riflette intera solo quando l'acqua è calma.

L'intimità con gli altri inizia dall'intimità con noi stessi. Solo se impariamo a rispettare e amare noi stessi possiamo entrare in relazione autentica con chi ci circonda. Se il cuore è in pace, potrà riflettere amore e serenità. Ma se lasciamo che sia scosso dalla vergogna o dalla paura, ogni relazione diventerà frammentata, come il riflesso spezzato della luna.

Ricordate che il fondamento di ogni legame è l'amore per se stessi. Rispettate il vostro essere, onoratelo con compassione e pazienza, e in questo modo potrete davvero aprirvi agli altri con autenticità e senza timori.

Le radici del cuore

Un insegnamento sulla perdita dell'amor proprio

Un giovane monaco di nome Taro era conosciuto nel villaggio per la sua dedizione e il suo desiderio di compiacere tutti. Era sempre pronto ad aiutare gli altri, a sacrificare il proprio tempo e le proprie forze. Ma nonostante fosse ammirato per la sua generosità, dentro di sé Taro provava una sensazione di vuoto, come se tutto il suo impegno non bastasse mai.

Un giorno, il Maestro Shen lo osservò e gli chiese: "Taro, perché fai così tanto per gli altri?"
Taro abbassò lo sguardo e rispose: "Per sentirmi amato, Maestro. Sento che devo guadagnarmi il loro rispetto. Se do tutto di me, forse riuscirò a colmare questo vuoto."

Il Maestro Shen lo portò allora nel cuore della foresta e, arrivati davanti a un grande albero, gli disse: "Taro, guarda quest'albero. Resta fermo e osserva."

Taro osservò l'albero, ma non vedeva nulla di speciale. "È solo un albero, Maestro, radicato e fermo. Ma cosa ha a che fare con me?"

Il Maestro Shen annuì. "Vedi, questo albero non ha bisogno di muoversi, di inseguire qualcuno per sentirsi valido. Sta fermo e raccoglie il nutrimento dalla terra, cresce in profondità con le sue radici. Ha trovato il suo centro e, da lì, offre frutti e ombra senza esaurirsi."

Il Maestro fece una pausa, poi aggiunse: "Tu, Taro, hai gettato via te stesso come se fossi un oggetto che non ha valore. Cerchi il riconoscimento degli altri, credendo che solo così potrai sentirti amato. Ma, in questo modo, ti stai svuotando, proprio come un albero che perde le sue radici. Quando perdi il contatto con il tuo Sé, non trovi più terreno solido su cui radicarti, e per questo dipendi dagli altri per darti valore."

Taro rifletté, avvertendo un dolore nel cuore. Realizzò che, come l'albero, aveva bisogno di coltivare il proprio centro, di trovare un amore per sé stesso che non dipendesse dall'esterno.

Morale e insegnamento della storia

Taro era noto per il suo impegno nel servire gli altri, sempre pronto ad aiutare e a sacrificarsi. Ma, nonostante i suoi sforzi, si sentiva vuoto. Questo sentimento di mancanza è qualcosa che molti di noi possono comprendere. Spesso, nella nostra vita, ci troviamo a dare così tanto da sentirci esauriti, come se tutto ciò che facciamo non bastasse mai a riempire il nostro cuore.

Il Maestro Shen, osservando Taro, comprese che dietro quella dedizione si celava una ricerca di approvazione. Taro credeva che, dando tutto di sé, avrebbe potuto guadagnarsi l'amore e il rispetto degli altri. Questo è un pensiero comune: pensare che il nostro valore dipenda da ciò che facciamo per gli altri, dalle nostre azioni, dalla nostra capacità di sacrificio. Ma, come ci insegna la storia, questa non è la strada giusta.

Portando Taro davanti a un grande albero nella foresta, il Maestro

Shen gli mostrò che, come quell'albero, anche noi abbiamo bisogno di radici profonde. L'albero non si muove per cercare approvazione; resta fermo, radicato nella terra, e da questo centro trae nutrimento. Cresce forte e offre frutti e ombra senza esaurirsi, perché non dipende dall'approvazione esterna per sentirsi valido.

Taro, nella sua ricerca di amore, aveva dimenticato il suo centro. Si era svuotato, come un albero che perde le radici, e cercava di riempirsi attraverso l'attenzione degli altri. Questo è un errore comune: quando perdiamo il contatto con il nostro Sé, diventiamo vulnerabili, dipendiamo dagli altri per il nostro valore e questo ci porta a sentirci sempre più soli e insoddisfatti.

Immaginate di essere come quell'albero, saldo e radicato. Le nostre radici rappresentano il nostro amore per noi stessi, la nostra autostima, il nostro centro autentico. Se siamo ben radicati, possiamo affrontare le tempeste della vita senza temere di cadere. Al contrario, se cerchiamo la nostra stabilità nell'approvazione altrui, ci sentiremo sempre vulnerabili.

La morale della storia di Taro è che non possiamo condividere ciò che non abbiamo. Se non coltiviamo un amore per noi stessi, se non ci prendiamo cura del nostro centro, non possiamo offrire stabilità agli altri. Paradossalmente, più ci sforziamo di riempire il nostro vuoto sacrificandoci, più ci sentiamo soli.

Ricordate sempre l'importanza di radicarvi nel vostro Sé autentico. Coltivate il vostro amore interiore, così da poter nutrire le vostre relazioni senza perdervi nel processo. Quando trovate il vostro centro, la vostra esistenza diventa un atto di amore, non solo per voi stessi, ma anche per coloro che vi circondano. E così, come un albero che offre la sua ombra e i suoi frutti, potrete essere una fonte di sostegno per gli altri, senza mai svuotarvi.

Il fiume dell'amicizia

Un insegnamento sulla relazione con gli altri

Un giorno, un giovane monaco di nome Hoshi si avvicinò al suo maestro, Kaito, con un'espressione di frustrazione. "Maestro," disse, "ho una relazione difficile con un amico. Io do sempre, ma sento che lui si allontana, e più cerco di avvicinarmi, più sembra sfuggirmi. Mi chiedo se l'amicizia valga davvero questo sforzo."

Il maestro Kaito sorrise e rispose: "Hoshi, vieni con me al fiume." In silenzio, lo guidò fino alla riva e, lì giunti, prese due secchi vuoti e li immerse nel fiume. "Guarda questi secchi," disse, posandoli l'uno accanto all'altro. "Se uno è troppo pieno e l'altro troppo vuoto, non possono restare bilanciati senza che uno trabocchi o si svuoti."

Hoshi osservò i secchi, cercando di cogliere il senso dell'insegnamento. "Maestro, cosa c'entra questo con la mia relazione?"

chiese, confuso.

Kaito annuì con un lieve sorriso. "In una relazione, Hoshi, ciascuno è come uno di questi secchi. Se uno dà troppo e l'altro riceve soltanto, prima o poi uno sarà svuotato e l'altro traboccherà. Il vero amore non è solo dare senza limiti o ricevere senza fine; è uno scambio continuo, come il fiume che riempie entrambi i secchi senza svuotarsi mai."

Il maestro continuò: "La natura cerca l'equilibrio, Hoshi. Se uno di voi si sente sopraffatto o vuoto, la relazione inizia a soffrire. Come i secchi, entrambi devono colmarsi e svuotarsi con equilibrio, trovando un punto d'incontro nel continuo flusso di dare e ricevere."

Hoshi si prese un momento per riflettere, rendendosi conto che spesso, nel tentativo di avvicinarsi al suo amico, aveva trascurato di trovare un equilibrio. "Quindi," disse lentamente, "non è solo questione di quanto diamo o riceviamo, ma di farlo in armonia con l'altro."

Kaito annuì. "Esattamente. Il vero amore non è un sacrificio o un possesso, ma un equilibrio. E come la natura, esso è flessibile e si adatta, trovando un modo per nutrire entrambi, senza sovraccaricare o lasciare nessuno dei due vuoto."

Morale e insegnamento della storia

La storia di Hoshi è una lezione sul valore dell'equilibrio nelle relazioni, un principio fondamentale per vivere in armonia con gli altri e con noi stessi.

Hoshi, come molti di noi, aveva il cuore aperto e un grande desiderio di dare. Tuttavia, si trovò di fronte a una difficoltà: più cercava di avvicinarsi al suo amico, più si sentiva distante. Questo conflitto lo portò a interrogarsi sul valore dell'amicizia. La sua frustrazione è un sentimento comune; spesso ci sforziamo di far felici gli altri, dimenticando che le relazioni non possono basarsi solo su uno scambio unilaterale.

Il maestro Kaito, con la saggezza che lo caratterizza, utilizzò due secchi immersi nel fiume per spiegare un concetto essenziale. Immaginate due secchi: uno è stracolmo mentre l'altro è vuoto. Questa immagine rappresenta le relazioni umane. Se uno di noi dà troppo e l'altro riceve senza mai restituire, il primo alla fine si svuota e il secondo trabocca. Questo è il cuore della questione: le relazioni richiedono equilibrio. Non possiamo pretendere di dare senza limiti, né possiamo aspettarci di ricevere senza riconoscere l'importanza di restituire.

La natura, in tutta la sua bellezza, ci insegna che l'equilibrio è fondamentale. Le stagioni si alternano, le maree fluiscono e rifluiscono. Così deve essere nelle nostre interazioni: dobbiamo imparare a colmarci e svuotarci, a dare e ricevere in armonia. Questo scambio è dinamico e non statico. È un movimento continuo che richiede attenzione e consapevolezza.

Hoshi comprese che non si trattava solo di quanto dava o riceveva, ma di come lo faceva. L'amore e l'amicizia non sono mere transazioni; sono relazioni vive che richiedono cura e equilibrio. Quando uno di noi si sente sopraffatto, è un segnale che qualcosa non funziona. È un invito a rivedere il nostro modo di interagire, a trovare un nuovo modo di nutrire la relazione.

Il vero amore non è un sacrificio o un possesso, ma una danza equilibrata. Dobbiamo essere flessibili, aperti al cambiamento e pronti a nutrire l'altro senza svuotarci noi stessi. Quando entrambi i cuori partecipano attivamente a questo scambio, la relazione fiorisce, diventando una fonte di forza e gioia reciproca.

Portate con voi questa lezione e osservate le vostre relazioni. Chiedetevi: sono in equilibrio? Cosa posso fare per nutrire sia me stesso che l'altro? Solo attraverso la consapevolezza e l'azione possiamo creare legami che sono non solo significativi, ma anche duraturi.

5° Chakra

Quinto Chakra – Vishuddha: il centro della comunicazione e dell'espressione

In un antico tempio ai margini di una foresta, viveva un monaco di nome Satoshi, famoso per la sua tranquillità e capacità di ascolto. Satoshi passava le sue giornate in meditazione e silenzio, osservando le onde del lago vicino e il vento che accarezzava i rami degli alberi. Tuttavia, nonostante la sua calma, si sentiva oppresso da un profondo blocco. Non riusciva a esprimere ciò che provava veramente e spesso evitava le conversazioni per timore di dire qualcosa di sbagliato.

Un giorno, sentendo il peso di questa difficoltà, si avvicinò al suo maestro, l'anziano Takashi, conosciuto per la sua saggezza e capacità di leggere oltre le parole. Satoshi si inginocchiò e confessò: "Maestro, sento una stretta alla gola. Non riesco a dire ciò che sento. Ogni volta che provo a esprimere la mia verità, mi blocco, come se un nodo invisibile mi impedisse di parlare."

Il maestro Takashi lo ascoltò in silenzio e poi disse: "Seguimi, Satoshi." Lo condusse verso il fiume che scorreva vicino al tempio. Si sedettero in silenzio, osservando l'acqua che scorreva tranquilla, senza ostacoli.

Dopo un momento, Takashi prese una manciata di piccoli sassi e li lasciò cadere nel fiume. L'acqua si increspò, ma poi tornò a scorrere liscia. "Vedi, Satoshi," disse il maestro, "le parole sono come il fiume. Devono scorrere libere per trasmettere la verità. Ma se c'è un blocco, come quando l'acqua incontra un ostacolo, la verità viene distorta o non arriva affatto."

Satoshi guardò l'acqua e chiese: "Maestro, come posso imparare a far scorrere le parole senza paura? Temo di ferire gli altri o di non essere compreso."

Il maestro Takashi gli sorrise e rispose: "La tua paura è come quei sassi. Se lasci che riempiano il tuo cuore, bloccheranno il flusso della tua verità. Per esprimere con chiarezza, devi prima purificare la tua intenzione. Parla non per convincere o per compiacere, ma per portare autenticità. Non temere il giudizio; la verità è come l'acqua: trova sempre il suo corso."

Takashi proseguì: "Vishuddha, il chakra della gola, è il ponte tra il cuore e la mente. Quando parli dal cuore, l'amore è il tuo messaggio. Quando parli con la mente, la chiarezza guida le tue parole. Un cuore e una mente allineati ti permettono di dire la verità senza paura."

Da quel giorno, Satoshi imparò a lasciar fluire le sue parole come il fiume. Prima di parlare, si chiedeva: "Questa è la mia verità?" Così, poco a poco, scoprì che non era necessario cercare le parole giuste, poiché, come l'acqua che scorre, le parole trovavano il loro corso naturalmente.

La porta del silenzio

Un insegnamento sulla comunicazione

In un remoto tempio tra le montagne viveva un giovane monaco di nome Ryo. Ryo era noto per la sua mente brillante e per la sua determinazione a cercare la verità, ma aveva una difficoltà che lo tormentava: non riusciva mai a esprimere chiaramente ciò che sentiva. I suoi pensieri erano intensi, le sue emozioni profonde, ma quando cercava di condividerli con gli altri, qualcosa lo bloccava. Era come se una forza invisibile gli serrasse la gola e le parole rimanessero imprigionate dentro di lui.

Un giorno, stanco di sentirsi intrappolato, andò dal suo maestro, Kenji, per chiedere consiglio. "Maestro," disse Ryo con voce spezzata, "c'è un blocco dentro di me che non riesco a sciogliere. Sento molto, penso molto, ma quando provo a esprimere ciò che sento e penso, le parole mi sfuggono."

Il maestro Kenji annuì e lo condusse a una stanza silenziosa. Al centro c'era un contenitore pieno di sabbia bianca e una piccola sorgente che fluiva accanto. Kenji prese una manciata di sabbia e la lasciò cadere nella sorgente. L'acqua scorreva attorno ai granelli e, piano piano, li portava a valle, distribuendoli lungo il corso.

"Osserva, Ryo," disse il maestro. "Questa acqua è come il flusso delle tue emozioni e pensieri. Per fluire liberamente e portare ciò che è dentro di te nel mondo esterno, come fa l'acqua con la sabbia, devi trovare un passaggio, una porta. E quella porta è la tua gola, il luogo attraverso cui ciò che senti si trasforma in parola, si fa gesto, diventa espressione. Se la porta è bloccata, i pensieri rimangono prigionieri, e il corpo si carica di tensione."

Ryo osservò il flusso dell'acqua che portava via la sabbia, riflettendo su quelle parole. "Maestro," chiese, "come posso aprire questa porta? Come posso permettere ai miei pensieri e sentimenti di scorrere liberi?"

Il maestro sorrise. "La porta della gola si apre quando mente e corpo sono in armonia. Quando non c'è separazione tra ciò che pensi e ciò che senti. Se vivi solo nella tua mente, dimenticando il corpo, o se sei dominato dalle emozioni senza chiarezza, la porta si chiude. Sii presente, ascolta ciò che accade dentro di te senza giudizio. Permetti ai pensieri di incontrarsi con le tue sensazioni, e vedrai che la voce nascerà spontaneamente, fluendo come questa sorgente."

Ryo iniziò a comprendere. Capì che per esprimere veramente se stesso doveva prima ascoltare il suo mondo interiore, accogliendo ogni emozione e ogni pensiero senza timore. Così, giorno dopo giorno, praticò il silenzio e l'ascolto, fino a quando le sue parole cominciarono a fluire, colmando il vuoto che sentiva.

Morale e insegnamento della storia

Il monaco Ryo, come molti di noi, aveva una mente brillante e un cuore colmo di emozioni, ma si trovava bloccato nel tentativo di esprimere se stesso. Questa difficoltà di comunicazione è qualcosa di familiare, non solo per Ryo, ma per molti di noi nel nostro cammino di vita.

Il maestro Kenji, con la sua saggezza, portò Ryo a riflettere sull'importanza di trovare un passaggio per i suoi pensieri e sentimenti. La sabbia e l'acqua nella sorgente rappresentano il flusso naturale delle nostre emozioni e delle nostre idee. Se quella porta, rappresentata dalla gola, è bloccata, le parole rimangono imprigionate, e la tensione si accumula nel corpo. Questo non è solo un problema di espressione, ma anche un segnale di disarmonia interiore.

Quando ci troviamo in questo stato di blocco, è fondamentale riconoscere che la comunicazione vera e profonda nasce dall'equilibrio tra mente e corpo. Spesso, viviamo nella nostra mente, concentrandoci solo sui pensieri, trascurando ciò che il nostro corpo ci dice. Altre volte, ci lasciamo sopraffare dalle emozioni, perdendo la chiarezza necessaria per esprimerci. La chiave, come il maestro sottolinea, è l'ascolto attento di ciò che accade dentro di noi, un ascolto che accoglie senza giudizio.

Ryo imparò a praticare il silenzio e l'ascolto, e con il tempo, le sue parole iniziarono a fluire naturalmente. Questo ci insegna che, per comunicare veramente, dobbiamo prima entrare in contatto con il nostro mondo interiore. Dobbiamo dare spazio alle emozioni, permettere ai pensieri di unirsi alle sensazioni, affinché la nostra voce possa nascere in modo autentico e chiaro.

Immaginate di essere come la sorgente d'acqua, che scorre liberamente e porta con sé i granelli di sabbia, trasformando il suo corso. Quando siamo in armonia con noi stessi, possiamo esprimere le nostre verità senza paura e senza ostacoli. Questo è il segreto di una comunicazione autentica: essere presenti e ascoltare, sia il nostro corpo che la nostra mente.

La morale della storia di Ryo è che la vera comunicazione è un atto sacro, un dono che offriamo al mondo quando siamo in equilibrio. Solo allora possiamo permettere a ciò che è dentro di noi di manifestarsi con chiarezza e verità. Coltivate questa armonia e troverete la vostra voce, il vostro modo unico di contribuire al mondo, come un fiume che scorre libero e generoso.

La melodia della risonanza

Un insegnamento sulla risonanza

C'era una volta, in un remoto villaggio circondato da colline verdi e boschi fioriti, un vecchio maestro zen di nome Hiroshi. Era noto in tutto il paese per la sua saggezza e la sua capacità di vedere le connessioni tra tutte le cose. Ogni giorno, i discepoli si radunavano attorno a lui per ascoltare i suoi insegnamenti, cercando di comprendere il profondo mistero della vita.

Un giorno, un giovane monaco di nome Akira si avvicinò al maestro, visibilmente turbato. "Maestro," disse, "non riesco a trovare la mia voce. Sento di avere tanto da dire, ma le mie parole non risuonano con gli altri. Mi sembra che nessuno ascolti."

Hiroshi sorrise e invitò Akira a seguirlo in un giardino vicino, dove c'era una grande fontana che zampillava acqua limpida. "Guarda l'acqua, Akira," disse il maestro. "Osserva come scorre e come vibra alla luce del sole. Ogni goccia è in armonia con le altre. Senti come il suono dell'acqua crea una melodia unica e come le onde si muovono insieme."

Il giovane monaco guardò attentamente, ma non capiva il significato di quelle parole. "Maestro, l'acqua è solo acqua. Come può insegnarmi a esprimere la mia voce?"

Hiroshi annuì. "Quello che vedi è molto più di quanto sembra. Ogni goccia d'acqua è una vibrazione che contribuisce a un'armonia più grande. Allo stesso modo, le tue parole possono risuonare con gli altri se riesci a trovare la tua frequenza. La risonanza è ciò che permette a suoni diversi di unirsi e formare una melodia. Ogni persona ha una propria vibrazione, e solo quando siamo in sintonia con gli altri possiamo creare qualcosa di bello insieme."

Akira rifletté su queste parole, ma il maestro continuò. "Quando due suoni vibrano alla stessa frequenza, si creano onde più forti. Prova a pensare a come comunichi. Se parli solo delle tue preoccupazioni, gli altri potrebbero non comprenderti. Ma se apri il tuo cuore e cerchi di connetterti con le loro esperienze, la tua voce risuonerà più forte."

Per aiutare Akira a comprendere meglio, Hiroshi chiese a un gruppo di discepoli di unirsi a loro. "Cantate con me," ordinò il maestro, "ma scegliete una nota che sentite nel profondo del vostro essere."

I discepoli iniziarono a cantare note diverse, ma rapidamente Hiroshi li guidò verso una melodia comune. Quando tutti cantarono insieme, Akira sentì una vibrazione nuova e potente, una risonanza che sembrava unire le loro anime. In quel momento, comprese che la sua voce aveva il potere di risuonare solo quando era in sintonia con gli altri.

Dopo quel giorno, Akira si dedicò a praticare l'ascolto, a cercare di comprendere le esperienze degli altri e a esprimere la sua verità in modo autentico. Con il passare del tempo, le sue parole iniziarono a fluire liberamente e a risuonare con chi lo circondava. La sua voce si unì a quella degli altri, creando una melodia armoniosa che arricchiva il villaggio.

Morale e insegnamento della storia

Immaginate di essere come l'acqua che scorre in una fontana. L'acqua è fluida, si adatta alle forme che incontra, e produce una melodia armoniosa che risuona nel mondo. Così è la comunicazione nella vita.

Quando il giovane Akira si è sentito bloccato, ha realizzato che la sua voce non risuonava perché non era in sintonia con gli altri. Era come una nota stonata in un concerto. Il maestro Hiroshi gli ha mostrato che ogni parola, ogni pensiero, è una vibrazione che ha il potere di unirsi alle vibrazioni degli altri. La risonanza è il legame che ci unisce, e la vera comunicazione nasce dall'armonia tra le nostre esperienze interiori e quelle altrui.

Per comunicare autenticamente, dobbiamo ascoltare, comprendere e aprire i nostri cuori. Come le onde sonore che si allineano in un accordo, le nostre parole possono fondersi con quelle degli altri, creando un'armonia che eleva tutti. Ricordate, se parlate solo delle vostre preoccupazioni, potreste non essere compresi. Ma se cercate di connettervi con le esperienze degli altri, le vostre parole troveranno un'eco nel loro cuore.

Praticate l'ascolto, cercate di entrare in risonanza con le vibrazioni che vi circondano. Così come l'acqua crea una melodia unica, anche voi potete contribuire a una sinfonia collettiva. La vita è un'opera d'arte, e ognuno di voi ha un posto speciale in essa. La vostra essenza può fluire liberamente, unendo le vostre voci in un canto che arricchisce il mondo.

In questa armonia, troverete non solo la vostra voce, ma anche un senso di appartenenza. La risonanza autentica è ciò che dà significato alla nostra esistenza, trasformando le nostre relazioni in esperienze belle e significative.

Il coraggio di essere

Un insegnamento sulla verità

C'era una volta, in un tranquillo villaggio ai piedi di una montagna, un maestro zen di nome Yoshin. Era noto per la sua profonda saggezza e per il suo approccio diretto alla verità. Ogni giorno, discepoli e villager venivano a lui per cercare chiarimenti sui dilemmi della vita.

Un giorno, una giovane donna di nome Mei si avvicinò al maestro, visibilmente turbata. "Maestro," disse, "sento di avere molto da dire, ma ho paura. Ho paura che le mie parole non saranno accettate, che verrò giudicata o derisa. Così, mi tengo tutto dentro e non riesco a esprimere la mia verità."

Yoshin annuì con comprensione e la invitò a sedersi con lui sotto un grande albero. "Osserva attentamente," disse. "Questo albero è forte e maestoso. Ogni sua foglia è unica, eppure tutte crescono insieme in armonia. La sua forza deriva dall'accettazione della diversità."

"Maestro," chiese Mei, "cosa c'entra questo con le mie parole?"

"Le tue parole," rispose Yoshin, "sono come le foglie di questo albero. Se non ti esprimi per paura, stai negando una parte di te stessa, e come l'albero che non può crescere se alcune delle sue foglie sono appassite, così anche tu ti limiterai. La menzogna, anche quella silenziosa che ti imponi, congela il tuo spirito e ti allontana dalla tua essenza."

Mei rifletté su queste parole. "Ma come posso superare questa paura?"

Il maestro continuò: "Dobbiamo accettare tutte le parti di noi stessi, comprese le contraddizioni. Le emozioni che provi, sia di paura che di gioia, sono tutte verità che meritano di essere espresse. Solo vivendo nella tua autenticità potrai sperimentare una risonanza con gli altri. La verità non è sempre facile, ma è il ponte che ci unisce."

"E se le mie parole vengono giudicate?" chiese Mei.

"Ogni giudizio è uno specchio," spiegò Yoshin. "Ciò che gli altri vedono in te riflette le loro verità. Se rimani ferma nella tua autenticità, attirerai le persone che risuonano con la tua essenza. Le menzogne, al contrario, ci isolano. Quando ci forziamo a conformarci alle aspettative altrui, perdiamo il contatto con la nostra verità e la nostra salute emotiva ne risente."

In quel momento, Yoshin prese un sasso e lo gettò nel laghetto vicino. Le onde si diffusero, creando cerchi che si allargavano. "Le tue parole hanno il potere di generare onde, proprio come questo sasso. Quando parli con verità, la tua voce si unisce a quella degli altri, creando un'armonia che arricchisce la comunità."

Mei chiuse gli occhi, cercando di assorbire il messaggio del maestro. Capì che vivere nella sua verità richiedeva coraggio, ma che era anche la chiave per liberare il suo potere interiore.

Da quel giorno, Mei iniziò a esprimere se stessa con autenticità, parlando delle sue paure e delle sue speranze. Man mano che condivideva, scopriva una risonanza con gli altri, creando legami profondi e significativi. Le sue parole, un tempo bloccate, iniziarono a fluire come un fiume.

Morale e insegnamento della storia

La storia di Mei ci insegna una lezione fondamentale: vivere in autenticità è il solo ponte verso una vita armoniosa.

Quando soffochiamo la nostra verità per paura del giudizio, ciò che realmente facciamo è spezzare la connessione con noi stessi. Come un albero che necessita di ogni foglia per crescere in salute, così anche noi necessitiamo di esprimere ogni aspetto di ciò che siamo. La verità che nascondiamo è un peso che porta tensione, ma quando la liberiamo, essa non solo ci rende più autentici, ma arricchisce anche il mondo attorno a noi.

Ricordate, ogni verità, ogni parola autentica, genera risonanza, come le onde di un sasso gettato in acqua. Non è necessario che le nostre parole siano sempre accolte, ma ciò che conta è che siano vere. La verità è il nostro dono, la nostra firma unica. Solo nel rispetto della nostra essenza troveremo la vera pace e, attraverso la nostra voce, creeremo legami profondi, basati non su apparenze ma su reale connessione.

Non abbiate paura di esprimervi; il coraggio di essere voi stessi sarà la chiave per liberarvi e per nutrire anche coloro che vi circondano.

Il tramonto della rigidezza

Un insegnamento sulla creatività

Un giovane monaco di nome Riku viveva in un remoto tempio sulle montagne. Riku era sempre stato diligente e preciso, seguendo scrupolosamente le antiche regole e discipline del monastero. Un giorno, durante una lezione, il suo maestro zen, Tanji, lo osservò mentre praticava e notò la rigidità con cui eseguiva i suoi movimenti.

"Riku," disse il maestro, "perché ti impegni tanto a seguire ogni cosa in modo così rigido?"

Riku rispose: "Maestro, ho paura di sbagliare. Voglio fare ogni cosa nel modo corretto per rispettare la tradizione."

Tanji sorrise e lo portò a una collina vicina, dove i due poterono osservare il sole tramontare dietro le montagne. Indicando il cielo, il maestro chiese: "Vedi questo tramonto? È sempre uguale, ogni sera?"

Riku osservò e vide che ogni sfumatura di colore, ogni nuvola e ogni ombra erano uniche. "No, maestro. Ogni tramonto è diverso."

"Eppure, è sempre il tramonto," replicò Tanji. "La bellezza della natura non segue schemi rigidi. Ogni volta crea qualcosa di nuovo, in continua trasformazione. Allo stesso modo, vivere significa essere creativi, perché ogni nostro gesto è unico e irripetibile. La vita stessa è un atto creativo."

Riku rimase in silenzio, riflettendo sulle parole del maestro.

Tanji proseguì: "Quando ci liberiamo dalle paure e dalle regole rigide, possiamo attingere alla nostra essenza e lasciare che ogni azione, parola e pensiero siano espressioni autentiche di noi stessi. Non è sufficiente seguire semplicemente ciò che è stato insegnato; dobbiamo creare e reinventare la nostra strada, portando nel presente il frutto delle nostre esperienze e proiettandoci verso il futuro."

Riku capì che per vivere appieno la sua verità non avrebbe dovuto solo seguire le regole, ma anche ascoltare e dar voce alla sua volontà e coscienza.

Da quel giorno, Riku iniziò a praticare con uno spirito più libero. Quando meditava o eseguiva le arti zen, lasciava che la sua essenza si esprimesse in modo naturale, trovando così una profonda armonia tra la tradizione e la propria unicità. Scoprì che ogni sua azione era un gesto creativo che disegnava la sua vita e che ogni parola o decisione contribuiva a plasmare la sua realtà.

Morale e insegnamento della storia

Vivere pienamente significa vivere creativamente, liberi dalle catene della paura e della rigidità. Come ogni tramonto è unico, anche la nostra espressione dovrebbe essere un atto autentico, non limitato dalle aspettative o dalle convenzioni.

La vera crescita non sta semplicemente nel seguire ciò che ci è stato insegnato, ma nel dare vita a qualcosa di nuovo e autentico. Quando esprimiamo la nostra verità senza timore, attingiamo alla nostra essenza e creiamo ogni giorno la nostra strada, unendo la volontà alla consapevolezza.

Questo è il cammino del vivere come un atto creativo: è il nostro contributo unico all'armonia del mondo e il mezzo attraverso cui, come Riku ha scoperto, la nostra verità fiorisce e risuona.

Il giardino della resilienza

Un insegnamento sul senso di colpa

Un giovane monaco di nome Sato viveva in un tempio isolato sulle montagne. Nonostante la sua dedizione alla pratica zen, Sato era tormentato da un critico interiore che gli sussurrava sempre parole di dubbio e vergogna. Ogni volta che provava a esprimersi o a condividere un'idea, sentiva una voce interna dirgli: "Non sai niente. Farai una brutta figura. Nessuno vuole ascoltare ciò che hai da dire."

Un giorno, il suo maestro, il saggio Haru, notò il conflitto interiore di Sato e lo chiamò a sé. "Vieni, Sato," disse. "Oggi andremo nel giardino per un lavoro speciale." Il giovane monaco lo seguì, incuriosito.

Haru lo condusse a una piccola area del giardino, dove crescevano piante selvatiche e disordinate, e disse: "Questo è il tuo spazio. Voglio che tu trasformi questo pezzo di terra in un bellissimo giardino. Ma c'è una condizione: ogni volta che il critico nella tua mente ti parla, dovrai rispondergli."

Sato annuì, anche se confuso, e cominciò il lavoro. Mentre scavava, la voce critica emerse subito: "Non sai nulla di giardinaggio. Chi pensi di essere per poter creare qualcosa di bello?"

Ricordando le parole del maestro, Sato rispose a voce alta: "Forse non so tutto, ma sono qui per imparare. Posso provare."

Man mano che lavorava, la voce del critico continuava a manifestarsi, più dura e insistente. "Il maestro vedrà che non sei in grado di fare nulla. Ti farà sembrare uno sciocco."

Sato, allora, rispose con pazienza: "Forse sbaglierò, ma ogni errore sarà una lezione. Ogni pianta che crescerà mi mostrerà qualcosa di nuovo."

Passarono giorni e settimane, e con il tempo il piccolo giardino di Sato cominciò a fiorire. Il monaco era stupito della bellezza che emergeva dalla terra. Ogni volta che il critico appariva, rispondeva con calma e fiducia crescente, senza permettergli di chiudergli la gola o rallentare le sue mani.

Quando finalmente il giardino fu pronto, Haru lo visitò. Osservando i fiori e la pace che emanava da quel piccolo angolo di terra, sorrise e disse a Sato: "Vedi, ogni fiore che hai piantato è una risposta alla tua vergogna e al tuo senso di colpa. Non sei tu a essere imperfetto; sono quelle voci a non raccontare la verità."

Sato annuì, comprendendo che la forza non stava nel respingere il critico, ma nel rispondere, trasformando il monologo della vergogna in un dialogo di crescita e accettazione.

Morale e insegnamento della storia

Il senso di colpa e la vergogna agiscono come critici severi che cercano di farci credere di essere inadeguati. Questi critici, nati forse per proteggerci in passato, oggi ci bloccano, trattenendo le nostre energie e impedendoci di esprimerci liberamente.

Ma la soluzione non è respingere o zittire queste voci. Piuttosto, è rispondere loro con pazienza e dialogo, come un giardiniere che si prende cura del suo terreno. Ogni volta che il critico parla, possiamo ribattere con compassione, ricordando a noi stessi le nostre capacità e la nostra verità. Così facendo, trasformiamo la nostra energia da bloccata a creativa, e permettiamo alla nostra espressione di fiorire come un giardino.

Vivere pienamente non significa eliminare ogni voce di dubbio, ma imparare a dialogare con esse. È questo dialogo interiore che ci libera, ci nutre e ci permette di manifestare chi siamo veramente.

Il peso della brocca

Un insegnamento sui segreti

Una giovane monaca di nome Hana viveva in un monastero tranquillo tra le montagne. Hana era rispettata per la sua dedizione, ma i suoi compagni monaci avevano notato che spesso evitava di guardare negli occhi e manteneva una certa distanza dagli altri. Portava con sé un peso invisibile.

Un giorno, il suo maestro, il saggio Kaito, la osservò con attenzione e le disse: "Hana, oggi vorrei che tu mi aiutassi a raccogliere l'acqua dalla sorgente." La giovane monaca accettò, e insieme iniziarono a camminare in silenzio lungo il sentiero. Una volta arrivati, Kaito riempì due brocche d'acqua, consegnandone una a Hana. "Ora," disse, "vorrei che tu riportassi questa brocca al monastero senza versare nemmeno una goccia."

Hana iniziò il suo percorso di ritorno, ma ben presto si accorse di quanto fosse difficile mantenere il passo costante senza far cadere una goccia d'acqua. Con il tempo, la brocca divenne pesante, e il suo respiro si fece affannoso. Giunta infine al monastero, riuscì con grande sforzo a posare la brocca sul pavimento, ma l'acqua si era in gran parte rovesciata.

Vedendo la sua fatica, il maestro Kaito le chiese: "Hana, come ti sei sentita lungo il cammino?" Hana abbassò lo sguardo, sentendo una stretta nel cuore. "Maestro, ho sentito il peso della brocca aumentare a ogni passo. Non riuscivo a rilassarmi, dovevo controllare ogni mio movimento. Mi sembrava di trattenere il respiro."

Il maestro le sorrise con gentilezza e disse: "Proprio così, Hana. Portare un segreto dentro di noi è come portare una brocca piena d'acqua senza poter versare una sola goccia. È un peso che ci obbliga a trattenere ogni cosa: i nostri gesti, il respiro, le parole. Ma ogni segreto, nel tempo, cerca sempre una via d'uscita. Come l'acqua che trabocca, così anche ciò che tratteniamo ci separa dagli altri e da noi stessi."

Hana capì. Con il tempo, iniziò a confidarsi con il maestro, svelando quel peso che si portava dentro. Raccontò dei suoi timori e delle sue vergogne, liberando a poco a poco la propria mente e il proprio cuore. Col tempo, sentì crescere una nuova leggerezza, come se finalmente potesse respirare a fondo.

Morale e insegnamento della storia

La storia di Hana ci insegna che i segreti sono come un peso nascosto che portiamo dentro, bloccando il nostro essere autentico. Ogni volta che tratteniamo qualcosa di non detto, blocchiamo non solo le nostre parole, ma anche la nostra energia, i nostri gesti, il nostro respiro. Ci ritroviamo in costante vigilanza su noi stessi, timorosi che una piccola goccia di verità possa sfuggire.

Questa tensione non è naturale. La nostra espressione autentica è fluida, come l'acqua di una sorgente. Quando viviamo nella verità, permettiamo a quell'acqua di scorrere senza ostacoli. Liberandoci dai segreti, diventiamo come il fiume che scorre, libero e leggero, in grado di riflettere senza distorsioni ciò che siamo realmente.

Non temete di mostrare ciò che è dentro di voi. Quando scegliamo la verità, ci allineiamo con la nostra vera natura e permettiamo a ogni aspetto di noi di fiorire.

6° Chakra

Sesto Chakra – Ajna: l'occhio della visione interiore e della saggezza

In un antico tempio tra le montagne viveva un giovane monaco di nome Ren, noto per la sua mente curiosa e l'animo sincero. Ren si impegnava ogni giorno nella meditazione e nella lettura dei testi sacri, cercando risposte alle domande che gli sorgevano dal profondo. Tuttavia, nonostante la sua dedizione, si sentiva ancora cieco di fronte alla verità più profonda della vita. "Vedo il mondo," pensava, "ma mi sfugge qualcosa, una verità che sembra sempre oltre la mia comprensione."

Un giorno, Ren si rivolse al suo maestro, il saggio Iroshi, e gli disse: "Maestro, posso vedere con gli occhi, ma sento che esiste una visione più profonda che non riesco a cogliere. Come posso imparare a vedere oltre ciò che appare?"

Iroshi annuì e lo condusse nel giardino del tempio, dove crescevano piante secolari e fiorivano profumate erbe. Giunti in una radura tranquilla, il maestro indicò un punto tra le sopracciglia di Ren e disse: "Questo è il punto del tuo sesto chakra, Ajna, il luogo della visione interiore. È qui che puoi guardare oltre il velo delle apparenze e vedere con la saggezza del cuore."

Ren, incuriosito, chiese: "Maestro, come posso aprire questo occhio interiore? Come posso accedere a questa visione?"

Il maestro Iroshi lo invitò a sedersi e disse: "Per vedere con Ajna, devi prima lasciare andare la dipendenza dalla vista esteriore. Chiudi gli occhi e ascolta il silenzio dentro di te. Nel silenzio, imparerai a riconoscere i simboli, i sogni, le intuizioni che sorgono dall'anima."

Ren chiuse gli occhi e si concentrò sul punto tra le sopracciglia, immergendosi nel silenzio. All'inizio, percepì solo il buio, ma poi iniziò a vedere immagini e simboli apparire, fluttuanti come ombre luminose. Con il tempo, comprese che la visione interiore non riguardava solo il vedere, ma il "sentire" una verità profonda, un'intuizione che non necessitava di spiegazioni razionali.

Dopo ore di meditazione, Ren aprì gli occhi e disse: "Maestro, ho visto senza vedere. Ho percepito una connessione, un intreccio tra il mio essere e il mondo che mi circonda, come se tutto fosse parte di uno stesso respiro."

Iroshi sorrise e rispose: "Questa è la saggezza di Ajna, l'occhio interiore che vede con la luce della consapevolezza. Ricorda, Ren, il terzo occhio non si apre una sola volta, ma si schiude ogni giorno attraverso la pratica e l'ascolto. Attraverso Ajna, vedrai non solo la realtà esterna, ma anche le verità del tuo cuore."

Da quel giorno, Ren coltivò la sua visione interiore, imparando a vedere oltre le apparenze, a percepire la saggezza nascosta in ogni momento, e a vivere in armonia con il flusso dell'universo.

Il lago silenzioso del terzo occhio

Un insegnamento per aprire il terzo occhio

In un tempio incastonato tra le montagne viveva un giovane monaco di nome Sho che sentiva una profonda attrazione per la meditazione sul "terzo occhio." Nonostante le lunghe ore dedicate allo studio e alla pratica, Sho sentiva di essere costantemente bloccato da una barriera invisibile: vedeva il mondo, ma gli sfuggiva un significato più profondo. "C'è qualcosa che ancora non vedo," pensava tra sé, "un mistero che resta nascosto, anche se guardo intensamente."

Un giorno, deciso a svelare il significato di questa "visione interiore," Sho si rivolse al maestro anziano, il saggio Hiroshi, che gli disse con voce serena: "Sho, vieni con me." Lo condusse in una radura silenziosa, dove il cielo e le montagne si riflettevano nelle acque immobili di un piccolo lago. Hiroshi gli indicò l'acqua, liscia come uno specchio, e disse: "Questo lago è come il tuo terzo occhio. Quando la mente è calma e limpida, la verità può riflettersi in essa, mostrandoti ciò che gli occhi fisici non vedono."

Sho ascoltava attentamente, affascinato e perplesso. "Maestro," chiese, "come posso fare affinché il mio sguardo interiore diventi chiaro come questo lago?"

Hiroshi lo invitò a sedersi e disse: "Inizia col chiudere gli occhi, così da smettere di cercare fuori. Porta l'attenzione al tuo respiro e permetti alla tua mente di acquietarsi." Sho seguì le istruzioni del maestro, respirando profondamente, finché non sentì il corpo rilassarsi e la mente iniziare a posarsi. Dopo un po', Hiroshi aggiunse: "Ora, concentrati sul punto tra le sopracciglia, dove risiede il terzo occhio. Non devi sforzarti di vedere; lascia che la luce interiore inizi a brillare da sola, come una fiamma nel buio."

Mentre Sho si concentrava su quel punto, una luce indaco iniziò a emergere dolcemente, come un bagliore nascosto tra le ombre della sua mente. Con il passare dei minuti, sentì la sua consapevolezza espandersi. Non vedeva più solo forme o colori, ma intuiva una connessione invisibile, come un intreccio di fili luminosi che legava ogni cosa, ogni pensiero, ogni sensazione.

Hiroshi sussurrò: "La visione del terzo occhio non è quella degli occhi fisici, ma è la comprensione che tutto è interconnesso. Non si limita a vedere, ma a sentire. Ogni cosa ha il suo posto e il suo significato; ogni simbolo è una porta verso un'altra verità."

Sho allora percepì immagini e simboli, fluttuanti nella sua mente. Non cercò di capirli o di trattenerli. Li osservò, come ombre che scorrevano su uno schermo. Sentiva che quei simboli erano messaggi della sua anima, intuizioni profonde, insegnamenti che non richiedevano spiegazioni razionali.

Quando infine aprì gli occhi, Sho guardò il maestro con rinnovata consapevolezza. "Maestro," disse, "ora vedo che il mio sguardo non era incompleto, ma annebbiato. La verità è sempre stata qui, e il terzo occhio è la porta che mi permette di guardare dentro me stesso e oltre, senza aspettative o giudizi."

Hiroshi annuì e concluse: "Sho, il terzo occhio è come questo lago. Quando impariamo a riflettere senza distorcere, a percepire senza interpretare, possiamo davvero vedere. Che questo sia il primo passo nel tuo cammino di saggezza e intuizione."

Da quel giorno, Sho continuò a praticare la meditazione con il cuore e la mente aperti, permettendo alla visione interiore di guidarlo nella sua crescita spirituale.

Morale e insegnamento della storia

La visione interiore non è questione di sforzo o di intensa osservazione. Ciò che cercate di vedere con il "terzo occhio" è in realtà già presente in voi, come una quieta luce che attende di essere rivelata. Per scoprire questa luce, non dovete guardare fuori, né tantomeno analizzare con la mente.

È come un lago calmo: solo quando le acque sono quiete, riflettono fedelmente ciò che è davanti a loro. Allo stesso modo, quando la nostra mente e il nostro cuore sono sereni, la verità si riflette senza ostacoli. Vediamo non solo ciò che è evidente, ma ciò che è nascosto dietro le forme e le parole, una verità che va oltre il giudizio o l'interpretazione.

Rivolgendo lo sguardo verso l'interno e portando attenzione al nostro centro tra le sopracciglia, possiamo accedere alla "visione" più autentica, che non si limita agli occhi fisici ma risiede nel sentire profondo. Questa visione interiore si manifesta non con immagini chiare o logiche, ma con intuizioni e simboli. Il nostro compito non è controllare ciò che appare, ma osservarlo con apertura, come se guardassimo uno schermo su cui la mente proietta frammenti della nostra verità interiore.

Non temete di lasciare andare il bisogno di controllo, perché è proprio lì che si nasconde la comprensione. Accogliete tutto ciò che emerge, e ricordate che questa luce interiore non si spegne, ma continua a brillare, a illuminare la strada davanti a voi. Il terzo occhio, quando aperto, non solo rivela la verità, ma ci connette al flusso armonioso dell'universo, mostrandoci come tutto sia parte di uno stesso respiro.

Oltre l'apparenza

Un insegnamento sul riconoscere gli schemi

Un giovane monaco di nome Takashi era noto per la sua acuta osservazione e la rapidità nel riconoscere le cose. Takashi poteva identificare persone, piante, persino tipi di nuvole con una rapidità sorprendente. Un giorno, però, mentre passeggiava con il suo maestro Ryo, osservò un anziano uomo seduto lungo il sentiero che guardava l'orizzonte. Takashi lo guardò rapidamente e disse: "È uno dei contadini del villaggio. Deve essersi riposato dopo una lunga giornata di lavoro."

Il maestro Ryo lo fermò. "Takashi," disse, "guarda di nuovo. Ma questa volta non limitarti a dare un nome alla scena. Lascia che lo sguardo sia libero, senza fermarsi allo schema."

Takashi si fermò, guardando l'anziano senza cercare di definirlo. Iniziò a notare i piccoli dettagli: il modo in cui le mani dell'uomo tremavano lievemente, l'ombra di malinconia nei suoi occhi, e la cura con cui teneva un piccolo sacchetto vicino al petto. Sembrava molto più che un semplice contadino. In silenzio, il maestro Ryo gli sussurrò:

"Quell'uomo ha perso sua moglie, ed è venuto qui per trovare pace."

Takashi rimase in silenzio, sentendo il peso della storia non detta che aveva sfiorato solo con lo sguardo.

Il maestro continuò: "Quando ti fermi all'apparenza, puoi facilmente pensare di sapere tutto. Ma guardare davvero significa ascoltare con lo sguardo, sentire con l'anima, e lasciar andare le etichette e gli schemi. Le cose che percepisci in questo modo non ti conducono alla verità: ti fermano a una illusione."

Da quel giorno, Takashi iniziò a praticare un'osservazione più profonda, lasciando che ogni esperienza gli mostrasse la sua verità senza affrettarsi a definirla.

Morale e insegnamento della storia

Troppo spesso, quando incontriamo una persona o osserviamo una scena, crediamo di conoscerne già l'essenza con uno sguardo rapido, definendola in base a ciò che la mente ci suggerisce come "già visto." Così facendo, però, ci limitiamo, chiudiamo la porta a una comprensione più profonda. È come prendere un libro in mano e giudicarlo solo dalla copertina, ignorando le pagine dense di storie e di vita che contiene.

Osservare veramente è lasciare che lo sguardo si liberi dal desiderio di etichettare e si apra a ciò che emerge senza preconcetti. Guardare così ci permette di cogliere dettagli che sfuggono alla fretta e di percepire la storia invisibile che ogni cosa porta con sé. In questa apertura, accediamo alla vera essenza, superando l'illusione superficiale.

Quando camminate per la vita, non fermatevi a ciò che sembra ovvio: guardate più in profondità, lasciate che ogni cosa vi parli della sua verità. Questa è la via per trascendere l'illusione e abbracciare la vera conoscenza.

L'albero e l'ombra

Un insegnamento sull'illusione

Un giovane monaco di nome Ken aveva un desiderio di perfezione tanto forte da diventare un'ossessione. Ogni giorno osservava attentamente se stesso, cercando sempre di migliorare la sua postura, il tono della sua voce, persino i suoi pensieri, tutto per rispondere all'immagine di un "monaco ideale" che aveva costruito nella mente. Nonostante i suoi sforzi, Ken si sentiva insoddisfatto e turbato, come se quella perfezione fosse sempre più lontana.

Un giorno, il suo maestro, il saggio Haruto, lo invitò a una passeggiata nel bosco. Mentre camminavano, Haruto indicò un albero solitario in cima alla collina e disse: "Guarda quell'albero. Cosa vedi?"

Ken guardò l'albero e rispose: "È un albero forte, maestro, ma i suoi rami sono storti e la sua corteccia è ruvida. Forse non è cresciuto come avrebbe dovuto."

Haruto annuì e lo condusse più vicino. "Ora osserva più da vicino," disse. "Questo albero non segue la tua immagine della perfezione, ma è vivo, è qui, ed è cresciuto proprio come doveva per sopravvivere al vento, alla pioggia e alla luce del sole. Credi che sia meno degno perché non corrisponde a un'immagine ideale?"

Ken rimase in silenzio, riflettendo.

"Così è anche per te," proseguì il maestro. "Il demone dell'illusione ti fissa su un'immagine irraggiungibile, distogliendoti dalla realtà di ciò che sei ora. Quando alimenti queste illusioni, sacrifichi la tua energia e perdi la pace, cercando di rincorrere ciò che non esiste. La vera perfezione non è rigida, non risponde a un'idea congelata, ma si adatta, evolve, come fa questo albero."

Ken comprese che l'immagine che inseguiva era solo un'illusione che lo allontanava dalla realtà del presente e dalla bellezza di essere se stesso. Da quel giorno, abbandonò l'idea di un "sé perfetto" e iniziò a osservare il mondo e sé stesso con occhi più aperti, accogliendo le imperfezioni come parte di un equilibrio naturale.

Morale e insegnamento della storia

La ricerca di un'immagine perfetta di noi stessi è come inseguire un'ombra. Questa ossessione ci inganna, facendoci perdere il contatto con la realtà di chi siamo in questo momento. Così facendo, consumiamo la nostra energia in un ideale rigido e irraggiungibile, che in realtà ci allontana dalla nostra vera essenza.

Guardate il mondo come guardereste un albero che cresce libero nel bosco: non perfetto secondo schemi fissi, ma perfetto nella sua autenticità, con radici che affondano nella terra e rami che si allungano verso il cielo. Ogni aspetto di noi – anche le imperfezioni – contribuisce alla nostra unicità. Quando abbandoniamo l'idea di un "io perfetto" e accettiamo l'equilibrio naturale, iniziamo a vivere con serenità, liberi dalla trappola dell'illusione e vicini alla verità.

Il teatro dell'inconscio

Un insegnamento sui sogni

Un giorno, un giovane monaco si avvicinò al Maestro con un'espressione di perplessità sul viso. "Maestro," chiese, "perché facciamo sogni così strani? A volte sembrano portare un messaggio, ma altre volte non hanno alcun senso."

Il Maestro sorrise e rispose: "Immagina di essere in una sala teatrale, dove non solo guardi uno spettacolo, ma ne fai parte. Sei il regista, l'attore e lo spettatore, tutto allo stesso tempo. Che ruolo vorresti interpretare?"

Il giovane monaco rifletté, poi rispose: "Forse vorrei interpretare me stesso, ma a volte nei sogni non mi riconosco nemmeno."

Il Maestro annuì. "Esattamente. I sogni ci conducono dove la mente cosciente spesso non può arrivare. Sono un ponte che collega il noto all'ignoto, unisce la nostra parte più profonda e istintiva con quella più alta e spirituale. Proprio come un teatro interiore, i sogni danno vita alle emozioni, ai desideri, alle paure che non riusciamo a esprimere da svegli."

"Ma come posso comprendere ciò che significano davvero?" chiese il giovane.

Il Maestro raccolse una foglia caduta e la mostrò al monaco. "Questa foglia non ti parla direttamente, ma osservandola, puoi cogliere la sua essenza, la sua storia. Così è per i sogni. Non sono sempre diretti, ma racchiudono simboli. Questi simboli rivelano qualcosa di noi stessi che ancora non vediamo chiaramente."

Il giovane ascoltava attentamente, e il Maestro continuò: "Spesso i sogni ci mostrano ciò che rifiutiamo di vedere: emozioni represse, potenziali non sviluppati, o addirittura avvertimenti. Imparare ad ascoltarli è come aprire una finestra sull'inconscio, dove possiamo trovare risposte che la mente sveglia non riesce a cogliere."

Morale e insegnamento della storia

I sogni non sono solo eventi bizzarri o casuali della notte, ma portali verso il nostro mondo interiore. In questo teatro segreto, siamo al tempo stesso spettatori e attori di una rappresentazione che ci appartiene. Nei sogni, la nostra mente conscia è costretta a lasciare il palcoscenico, mentre l'inconscio, il regista silenzioso, mette in scena i desideri, le paure, e i bisogni più nascosti. Ogni simbolo che emerge in un sogno è come un filo che collega il nostro essere più istintivo con la nostra parte spirituale e intuitiva.

I sogni ci offrono, dunque, uno specchio privo di giudizio. Essi ci mostrano ciò che spesso non siamo pronti a vedere: emozioni non espresse, potenziali dimenticati, oppure avvertimenti che la coscienza non coglie. Saper ascoltare i messaggi simbolici dei sogni è come imparare un linguaggio segreto che ci guida verso una comprensione più profonda di noi stessi. E quando accogliamo ciò che i sogni ci rivelano, smettiamo di ignorare o respingere parti di noi.

In altre parole, i sogni ci ricordano che l'interezza dell'essere non è data dalla sola mente conscia, ma da tutto ciò che si muove nelle profondità di quel teatro. Con un cuore aperto e una mente attenta, ogni sogno può diventare un maestro, capace di guidarci a un risveglio più ampio e profondo.

La fiamma e la ciotola

Un insegnamento sull'intuizione

Un giovane monaco di nome Daiki era molto intelligente e razionale. Daiki aveva una mente acuta e logica, e cercava sempre di analizzare ogni situazione fino a comprenderla appieno. Ma nonostante la sua dedizione, sentiva spesso che qualcosa gli sfuggiva, come se ci fosse un'altra realtà oltre ciò che la mente riusciva a cogliere.

Un giorno, si recò dal suo maestro, il saggio Arata, e gli chiese: "Maestro, come posso vedere davvero? Analizzo ogni cosa e seguo ogni pensiero fino alla fine, eppure mi sembra di non afferrare mai l'essenza delle cose."

Il maestro Arata sorrise e lo invitò a seguirlo nella sala di meditazione, dove accese una candela in una stanza buia. "Guarda la fiamma," disse, "e dimmi cosa vedi."

Daiki osservò la fiamma e rispose: "Vedo la luce che illumina per un attimo la stanza e ne rivela gli oggetti. Riesco a scorgere ogni cosa, anche se solo per poco."

Il maestro annuì. "Vedi, Daiki, l'intuizione è come questa fiamma. Non segue un percorso logico; illumina tutto in un attimo, senza bisogno di spiegazioni o dettagli. Proprio come il lampo della fiamma, essa rivela l'essenza in un baleno, unendo tutto ciò che appare separato."

Daiki lo guardò confuso. "Maestro, come posso cogliere l'intuizione se non è logica? Come posso trattenerla?"

Arata sospirò leggermente e disse: "L'intuizione non si afferra; si lascia accadere. Quando la mente smette di sforzarsi di comprendere e si arrende al flusso, l'intuizione si presenta da sé, come il sole che sorge senza essere chiamato."

Il maestro prese una ciotola d'acqua e la riempì fino all'orlo. "Guarda quest'acqua," disse, "non si trattiene, ma si adatta a ogni movimento, fluendo con il recipiente. Lascia che la tua mente faccia lo stesso: abbandona il bisogno di comprendere tutto e permetti alla conoscenza di sorgere da sola, senza pressione."

Daiki comprese che l'intuizione era una conoscenza che scorreva libera, una verità che si rivelava solo quando si lasciava andare il controllo e la mente diventava aperta come quella ciotola.

Morale e insegnamento della storia

Se desiderate comprendere il mistero dell'intuizione, sappiate che essa non è un premio da conquistare né una verità da afferrare con forza. Immaginate la mente come una ciotola d'acqua. Quando è agitata da domande incessanti e da analisi, la superficie si increspa, nascondendo il fondo. È solo lasciando andare l'urgenza di sapere tutto e permettendo alla mente di calmarsi che la verità può sorgere da sé, senza sforzo, come un riflesso chiaro nell'acqua immobile.

L'intuizione, infatti, è come la luce di una candela in una stanza buia: non ha bisogno di spiegazioni complesse per illuminare tutto intorno. Essa rivela in un istante ciò che la logica e il pensiero frammentato possono solo tentare di spiegare. Perciò, arrendetevi al flusso delle cose, abbandonate l'attaccamento all'analisi e lasciate che la vostra mente si faccia limpida e vuota. Solo allora il lampo della vera comprensione apparirà spontaneo e chiaro, mostrandovi l'essenza delle cose.

Il lago e la visione

Un insegnamento sulla visione profonda

Un giorno, un giovane monaco di nome Haru si avvicinò al suo maestro, il saggio Daichi, turbato e incerto sul suo futuro. "Maestro," disse, "vedo la mia vita scorrere, ma non sento uno scopo. Mi sembra di essere portato dalla corrente senza una vera direzione. Come posso trovare il mio cammino?"

Il maestro Daichi lo invitò a seguirlo fino alla cima di una collina. Una volta arrivati, indicò la valle sottostante e chiese: "Haru, cosa vedi?"

Haru guardò e rispose: "Vedo alberi, campi coltivati, piccoli sentieri che attraversano il villaggio… ma sono solo frammenti, come pezzi di un grande mosaico che non riesco a unire."

Daichi annuì. "Proprio così," disse. "Questi frammenti, queste immagini sono come i pezzi sparsi della tua vita. Ma c'è qualcosa di importante che manca: una visione per unirli in un unico disegno."

Confuso, Haru chiese: "Maestro, come posso trovare questa visione?"

Daichi si sedette e indicò il cielo che si rifletteva su un piccolo lago nella valle. "Vedi il lago? Ogni tanto si increspa, e i riflessi diventano confusi, perdendo chiarezza. Allo stesso modo, la nostra mente spesso è affollata da pensieri sparsi, frammenti di sogni, illusioni che ci trattengono e desideri passati. Ma quando il lago è calmo, il riflesso diventa chiaro. Per trovare una visione, Haru, devi calmare la mente e guardare dentro di te senza fretta, lasciando emergere un'immagine che guidi la tua vita."

Il maestro continuò: "La visione è una possibilità, un futuro che costruisci da ciò che ancora non è, e che però puoi immaginare. Essa non ti blocca, come l'illusione, ma ti spinge in avanti. È la luce che dà forma al caos della tua vita e traccia un sentiero davanti a te. Quando hai una visione, sei come l'architetto di un ponte che unisce il presente al futuro."

Haru ascoltò e comprese. Realizzò che per trovare uno scopo doveva lasciare che un'immagine interiore, ispirata dai suoi desideri e dalle sue intuizioni, guidasse i suoi passi. Così, giorno dopo giorno, meditò in silenzio, lasciando che una visione si formasse e lo ispirasse. Con il tempo, iniziò a vedere un sentiero più chiaro e a percepire un senso di scopo nel proprio viaggio.

Morale e insegnamento della storia

Il cammino si apre davvero davanti a noi quando lasciamo che emerga una visione profonda. Essa non è un'immagine rigida o imposta, ma una luce che sorge dall'interno e che unisce ogni frammento della nostra esperienza. Come le acque di un lago calme e limpide riflettono il cielo solo quando sono prive di increspature, così la mente in pace rivela una visione chiara, uno scopo.

La visione è ciò che ci fa guardare oltre il momento presente e vedere un sentiero che ci appartiene. Non è un'illusione che ci trattiene, ma un richiamo che ci guida. È come il ponte tra il nostro presente e il nostro potenziale futuro, una costruzione che dà forma a ciò che ancora non esiste ma può diventare reale. E ricordate, trovare la visione non significa trattenere o controllare, ma lasciare che la calma interiore le dia spazio, fino a che non diventi la nostra guida naturale.

7° Chakra

Settimo Chakra - Sahasrara: la porta alla trascendenza e alla coscienza universale

Un giorno, un giovane monaco di nome Kenji, in cerca di illuminazione, andò dal suo maestro, il saggio Masao. "Maestro," disse Kenji, "desidero aprire il mio settimo chakra, raggiungere il divino e sperimentare la coscienza universale. Voglio trascendere questo mondo ed essere uno con il Tutto."

Il maestro Masao ascoltò in silenzio, poi lo invitò a seguirlo fino alla cima di una montagna. Insieme, sedettero in silenzio a osservare il vasto cielo sopra di loro e la terra sotto di loro. Masao indicò il cielo infinito e poi la terra rigogliosa. "Kenji," disse, "guarda bene: il cielo rappresenta la trascendenza, quel desiderio di elevarsi oltre i limiti umani, mentre la terra rappresenta l'immanenza, la presenza del divino nel mondo fisico. Entrambe queste dimensioni esistono insieme e ci parlano del divino."

Kenji annuì, ma non sembrava completamente convinto. "Maestro," disse, "come posso unire queste due vie? Come posso trascendere e rimanere al contempo legato alla realtà?"

Masao sorrise. "La risposta sta nel comprendere che la trascendenza non è fuga, e l'immanenza non è schiavitù. Il settimo chakra, Sahasrara, è la porta che collega cielo e terra, il divino e il mondo, l'eterno e il temporaneo. Quando apriamo il chakra della corona, non diventiamo solo parte dell'infinito, ma portiamo quell'infinito nelle nostre azioni quotidiane. La vera illuminazione avviene quando riusciamo a manifestare la luce divina anche nelle più piccole cose della vita."

Il maestro sollevò un fiore delicato che cresceva vicino e lo mostrò a Kenji. "Vedi questo fiore? È radicato nella terra, ma si apre verso il cielo. Ogni sua parte è unita alla terra, ma la sua bellezza e fragranza si espandono verso l'alto, offrendo il suo profumo al mondo. Così anche noi dobbiamo radicarci nel mondo fisico, ma elevare il nostro spirito fino al divino, creando un equilibrio tra l'alto e il basso."

Kenji comprese che il suo viaggio spirituale non era soltanto un allontanarsi dalla realtà, ma anche un portare quella luce divina nella vita. Così, ogni giorno, iniziò a osservare e onorare ogni gesto, dal più semplice al più complesso, come un'espressione del divino.

Il settimo chakra, Sahasrara, è il ponte tra trascendenza e immanenza. La vera spiritualità non è una fuga dalla realtà, ma l'unione del divino con il mondo. Portare la luce dell'universo nella vita quotidiana significa vivere l'illuminazione in ogni azione e vedere il sacro in ogni cosa.

Il masso nel fiume

Un insegnamento sul testimone interiore

Un giovane monaco di nome Aki si trovava spesso travolto dalle sue emozioni e pensieri. Aki desiderava imparare a liberarsi da quelle ondate di rabbia, gioia, paura e ansia che lo portavano lontano dalla serenità che sperava di trovare nel suo cammino spirituale.

Un giorno, Aki si recò dal suo maestro, il saggio Fumio, e gli chiese: "Maestro, come posso vivere in pace senza essere in balìa delle mie emozioni?"

Il maestro Fumio lo condusse lungo un fiume, dove si fermarono ad osservare la corrente scorrere silenziosa e continua. Indicando un masso piatto che emergeva dall'acqua, Fumio disse: "Aki, siediti su quel masso e osserva il fiume. Nota come la corrente scorre veloce, ma il masso rimane fermo, senza resistere né lasciarsi portare via."

Aki seguì il consiglio del maestro, sedendosi e osservando il flusso delle acque che scorrevano senza sosta attorno a lui. Col tempo, cominciò a sentire una calma profonda, come se lui stesso fosse diventato parte del masso immobile, senza essere trascinato dal fiume.

Il maestro allora gli disse: "Il testimone dentro di te è come quel masso: osserva il flusso degli eventi e delle emozioni senza lasciarsi coinvolgere. Non ne è turbato e non cerca di opporsi a nulla. Rimane consapevole, osservando ogni cosa che passa, come il fiume."

"Maestro," chiese Aki, "come posso trovare questo testimone dentro di me?"

Fumio sorrise e rispose: "Diventa consapevole della tua stessa consapevolezza. Quando provi rabbia, paura o gioia, osserva chi è che sente quell'emozione. Resta lì, con te stesso, senza giudicare, proprio come il masso osserva il fiume. Così troverai il testimone che è sempre in te, silenzioso e immutabile."

Da quel giorno, Aki iniziò a praticare l'osservazione interiore. Ogni volta che un pensiero o un'emozione lo travolgeva, tornava a quel luogo di quiete dentro di sé, dove il testimone silenzioso osservava, senza giudicare né trattenere. Col tempo, scoprì una nuova pace, comprendendo che, qualunque cosa accadesse, c'era sempre in lui una parte stabile e inalterata, come il masso nel fiume.

Morale e insegnamento della storia

Immaginate che dentro di voi ci sia una presenza silenziosa, una parte che osserva tutto ciò che accade, ma senza rimanerne turbata. Come un masso fermo in un fiume, questa presenza osserva i pensieri, le emozioni, le tempeste della mente, ma non si lascia trascinare. Questa parte di noi è il testimone, colui che guarda senza giudicare, che accoglie ogni cosa senza attaccarsi.

Quando impariamo a dimorare in questa consapevolezza, scopriremo che possiamo osservare ogni emozione come una nuvola nel cielo, lasciandola passare senza farci definire da essa. Questo testimone è la radice immutabile del nostro essere, un luogo di profonda pace e serenità, sempre presente, anche nelle tempeste più grandi.

Essere il testimone significa imparare a vivere con una mente stabile, in armonia con ciò che accade, perché è nella quiete di questa osservazione che troviamo la nostra vera natura, il nostro equilibrio.

Il cielo della coscienza

Un insegnamento sulla coscienza

Un giovane monaco di nome Sora, affascinato dai misteri dell'universo, desiderava capire il significato ultimo della vita e della sua stessa esistenza. Ogni giorno studiava i testi sacri, analizzava ogni parola e cercava risposte in lunghe meditazioni. Ma per quanto si sforzasse, si sentiva sempre come se mancasse qualcosa, un vuoto profondo che i suoi studi non riuscivano a colmare.

Un giorno, il suo maestro, il saggio Yuto, lo trovò immerso nei suoi pensieri. "Sora," disse il maestro, "perché appari così turbato?"

"Maestro," rispose Sora, "sto cercando di comprendere il mistero della coscienza e di sapere cosa mi spinge, cosa veramente mi muove. Ma più cerco, più mi sembra di rimanere al punto di partenza."

Il maestro Yuto sorrise e invitò Sora a seguirlo. Lo condusse su una collina dalla quale si poteva osservare un'immensa distesa di cielo, libera da nuvole, e gli chiese: "Cosa vedi davanti a te, Sora?"

"Vedo il cielo infinito," rispose Sora, "e sento la sua vastità."

Yuto annuì e continuò: "Quello che stai osservando è solo una piccola parte di ciò che esiste, eppure sai che il cielo si estende ben oltre quello che i tuoi occhi possono vedere. Allo stesso modo, la coscienza è come un vasto cielo dentro di te: tu vedi solo una parte dei pensieri e delle emozioni, ma c'è una realtà molto più ampia dietro ogni singolo respiro, una consapevolezza che contiene tutto ciò che sei."

Confuso, Sora chiese: "Maestro, come posso accedere a questa realtà più grande? Come posso comprendere ciò che la mente non riesce a spiegare?"

Yuto sorrise, indicando il proprio cuore. "La coscienza non si comprende con la logica, Sora. Si espande e si rivela quando entri in sintonia con essa. Quando presti attenzione, quando ascolti profondamente senza cercare di capire, diventi una parte del vasto campo della coscienza universale. Ogni cosa dentro e fuori di te è come il cielo: tu sei colui che osserva, e allo stesso tempo ciò che osservi. Ricorda, non sei solo i pensieri e le emozioni che passano: sei il campo che le contiene tutte."

Da quel giorno, Sora iniziò a praticare un nuovo tipo di consapevolezza. Invece di cercare risposte, semplicemente osservava i suoi pensieri e le sue emozioni con meraviglia, come guardando il cielo. Col tempo, scoprì che la sua coscienza non era solo un mezzo per vedere il mondo, ma era essa stessa un mondo infinito, che conteneva tutta la bellezza e il mistero della vita.

Morale e insegnamento della storia

Cercare il significato ultimo della vita, come Sora, può condurci a un labirinto di pensieri. Quando ci impegniamo a capire ogni cosa con la sola logica, può sembrarci di avvicinarci al centro di noi stessi; eppure, qualcosa ci sfugge, come se l'essenza fosse sempre appena oltre la portata della nostra mente.

Guardate il cielo come fece Sora. Osservate la sua vastità. Così è la coscienza: è l'ampio contenitore in cui tutte le nostre esperienze, emozioni e pensieri sorgono e si dissolvono. È ciò che accoglie tutto, senza attaccarsi a nulla. La nostra mente analizza, ma la coscienza abbraccia. Quando tentiamo di contenere la vastità della coscienza nella nostra mente, ci perdiamo nelle piccole onde. Ma se lasciamo che l'attenzione si posi naturalmente su tutto ciò che emerge, osservando senza cercare risposte, possiamo riscoprire il nostro vero essere.

Non siete solo ciò che percepite; siete anche lo spazio che rende possibile ogni percezione. E quando smettiamo di voler afferrare il mistero, iniziamo finalmente a vivere in sintonia con esso.

La trappola dell'attaccamento

Un insegnamento sull'attaccamento

Un giovane monaco di nome Taro aveva il cui cuore e la mente pieni di desideri e sogni. Taro sognava di diventare un grande maestro, di essere amato e rispettato, e si legava profondamente a ogni obiettivo che si prefiggeva. Se qualcosa non andava come sperava, si sentiva devastato, come se avesse perso una parte di sé.

Un giorno, stanco della sofferenza e dei continui turbamenti, si recò dal suo maestro, il saggio Ren, e gli chiese: "Maestro, perché soffro così tanto? Voglio solo raggiungere i miei obiettivi e trovare pace, ma più mi attacco a ciò che desidero, più mi sembra di perdere il controllo della mia vita."

Il maestro Ren ascoltò le parole di Taro con pazienza, poi lo condusse in un giardino dove cresceva un piccolo arbusto spinoso. "Taro," disse il maestro, "voglio che tu stringa questo arbusto con tutta la tua forza."

Confuso, Taro obbedì, afferrando i rami spinosi. Presto, sentì le spine pungergli la pelle, e il dolore diventava sempre più intenso finché, incapace di sopportarlo, dovette lasciare la presa. Guardando le sue mani arrossate, chiese al maestro: "Maestro, perché mi hai chiesto di fare questo?"

Il maestro Ren rispose: "Così come stringere troppo forte un arbusto ti ferisce, attaccarti ai tuoi desideri può farti soffrire. Ogni volta che ti aggrappi con troppa forza a un'immagine o a un'idea, speri di trovare sicurezza e pace, ma in realtà ti stai ferendo. Come l'arbusto spinoso, i desideri ti attraggono, ma più li stringi, più rischi di soffrire. La pace non viene dall'aggrapparsi, ma dal lasciare andare."

Taro rifletté su queste parole e comprese che l'attaccamento non era altro che una trappola, qualcosa che lo teneva prigioniero di un'illusione di controllo. Invece di cercare la pace attraverso il possesso, iniziò a praticare il distacco, permettendo alle cose di fluire senza opporsi.

Morale e insegnamento della storia

La sofferenza spesso nasce dall'attaccamento a un'immagine che creiamo nella nostra mente, un'idea rigida di come le cose "dovrebbero" essere per darci sicurezza. Ma quando ci aggrappiamo troppo ai nostri desideri, come farebbe una mano che stringe un arbusto spinoso, finiamo per ferirci da soli.

L'attaccamento ci illude di possedere il controllo, ci fa credere che la realizzazione di questi desideri ci porterà pace e felicità. Eppure, la vera pace nasce soltanto quando lasciamo andare, proprio come il masso nel fiume che permette all'acqua di scorrere senza opporre resistenza. Lasciando fluire la vita, liberandoci dal bisogno di trattenerla, impariamo a vivere in armonia con il cambiamento continuo che è la realtà stessa.

Ricordate, la libertà interiore non è nelle cose che possediamo, ma nel distacco con cui permettiamo loro di entrare e uscire dalla nostra vita, senza lasciarci intrappolare. Questa è la via che conduce alla vera pace.

Il fiume delle identità

Un insegnamento sull'identità universale

Un monaco di nome Ren trascorreva le sue giornate nel tempio, esplorando la natura della propria esistenza. Sentiva dentro di sé varie identità: il figlio, il monaco, l'allievo, lo studioso. Ogni ruolo che incarnava gli sembrava necessario, eppure limitante, come indossare diversi abiti che, pur proteggendolo, ne nascondevano il vero volto.

Un giorno, Ren decise di chiedere consiglio al maestro Haru. "Maestro," disse, "mi sento frammentato. Quando sono solo, mi vedo come Ren, ma di fronte agli altri sono costretto a rivestire mille ruoli. Come posso trovare pace tra tutte queste identità?"

Il maestro lo ascoltò e lo condusse al fiume. Lì prese un sasso e lo gettò nell'acqua. "Guarda le increspature, Ren," disse. "Ogni cerchio si espande, sfiorando gli altri e creando un disegno che, pur partendo da un singolo punto, si estende fino alla riva. Così è la tua identità: ogni aspetto di te è un cerchio che si allarga, e alla fine tutti si fondono in un'unica grande onda."

"Vuoi dire che ognuna delle mie identità è parte di un tutto?" chiese Ren, iniziando a comprendere.

"Esattamente," rispose Haru. "Ognuna è come un abito che indossi, utile, ma non definitivo. Quando riconosci che tutte le tue identità sono solo manifestazioni temporanee, scopri la tua essenza, che è vasta e unica come l'oceano. L'identità universale non richiede che tu rinunci a chi sei in ogni momento, ma che tu lo viva come parte di una totalità senza confini."

Da quel giorno, Ren smise di opporsi ai ruoli che interpretava. Li accettò come abiti, consapevole che, al di sotto di essi, c'era un essere universale che fluiva attraverso ogni sua espressione.

Morale e insegnamento della storia

Il nostro viaggio attraverso le identità è come attraversare un fiume, dove ogni sasso, ogni onda che incontriamo rappresenta un aspetto di chi siamo: il figlio, il maestro, l'amico, l'artista. Ciascuna identità è un ruolo temporaneo, un abito che indossiamo e poi lasciamo andare quando non serve più.

Immaginate ora che il vero "voi" sia l'acqua stessa del fiume. L'acqua non cambia natura, indipendentemente da quante pietre, curve o correnti incontri. Non è contenuta da una singola forma, ma scorre, adattandosi e comprendendo ogni parte del suo percorso. Così anche noi, nella nostra essenza più profonda, non siamo limitati a un solo ruolo, ma conteniamo tutte le identità senza esserne definiti.

Quando siamo figli, siamo pienamente figli; quando insegnamo, siamo totalmente nel ruolo del maestro. Ma non siamo confinati in nessuno di questi abiti. La pace arriva quando riconosciamo che, sotto ogni ruolo, siamo il flusso senza forma, che abbraccia e trascende ogni singola identità.

Il ponte tra cielo e terra

Un insegnamento sulla trascendenza e immanenza

Un giorno, un giovane monaco di nome Ryu si avvicinò al suo maestro, il saggio Shin, con una domanda che lo tormentava da tempo. "Maestro," disse Ryu, "desidero raggiungere l'illuminazione, trascendere questo mondo e lasciare andare tutte le preoccupazioni terrene. Voglio liberarmi dai legami della vita e avvicinarmi al divino."

Il maestro Shin annuì e lo invitò a fare una passeggiata tra i campi coltivati attorno al tempio. Dopo un po', si fermarono accanto a una pianta che cresceva rigogliosa, radicata nel terreno, ma aperta verso il cielo. "Guarda questa pianta, Ryu," disse il maestro. "Sebbene le sue radici affondino nella terra, i suoi rami e le foglie si innalzano verso l'alto. Essa si apre sia verso la terra che verso il cielo, e in questo movimento, manifesta la sua pienezza."

Ryu osservò la pianta e rifletté, ma ancora non comprendeva. "Maestro, desidero ardentemente trascendere come fanno i rami che salgono verso l'alto. Voglio liberarmi dai limiti terreni per immergermi nella vastità dello spirito."

Il maestro Shin sorrise e rispose: "Ryu, la vera illuminazione non sta solo nel salire verso il cielo, ma anche nel portare quel cielo sulla terra. È facile desiderare solo la trascendenza, ignorando ciò che è davanti a noi, ma la vera comprensione si trova unendo queste due vie: accettando l'infinito che è al di sopra di noi e manifestandolo nelle azioni quotidiane. Come questa pianta, che si nutre della terra e respira il cielo, noi siamo qui per diventare il punto d'incontro tra il divino e il mondo."

"Maestro," chiese Ryu, "come posso portare il divino nella mia vita di ogni giorno?"

Il maestro rispose: "Ogni volta che agisci con compassione, ogni volta che porti la tua verità nel mondo, stai manifestando il divino. Non c'è bisogno di fuggire dal mondo per trovare il sacro; esso è presente in ogni cosa che fai. La trascendenza è il tuo spirito che si eleva, e l'immanenza è il tuo spirito che si radica nella realtà. Solo accogliendo entrambe potrai sperimentare l'unità."

Ryu comprese che la sua ricerca della liberazione non doveva allontanarlo dalla vita, ma spingerlo a incarnare il divino in ogni suo gesto, in ogni respiro. Così, trovò pace nel sapere che, mentre cercava il cielo, avrebbe potuto portarlo sulla terra, rendendo ogni azione un riflesso del divino.

Morale e insegnamento della storia

La ricerca dell'illuminazione non significa fuggire da questo mondo. Spesso pensiamo che la liberazione consista nel trascendere, nel lasciarci alle spalle i legami terreni, ma la verità è più profonda: è unire la trascendenza con la vita di ogni giorno.

Pensate alla pianta: le sue radici affondano nella terra, trovando nutrimento, mentre i rami si elevano verso il cielo, aperti alla vastità. Allo stesso modo, anche noi dobbiamo affondare le nostre radici nella vita, nelle azioni quotidiane, nelle relazioni e negli impegni, mentre il nostro spirito si eleva verso il divino.

Ogni volta che agiamo con sincerità e compassione, portiamo il cielo sulla terra. La trascendenza eleva la nostra anima, mentre l'immanenza la radica nella realtà. Accogliere entrambi significa vivere la nostra vera essenza, manifestando il sacro in ogni gesto. Non cercate la fuga, ma lasciate che il divino risplenda in voi attraverso ogni respiro, diventando un ponte tra cielo e terra.

INFORMAZIONI SULL'AUTORE

Il mio nome è Guido Cocozza.

Sono nato a Roma il 26 maggio 1973. Se riguardo indietro la mia vita la potrei dividere in due fasi. La prima da uomo comune e la seconda da uomo in cerca di risveglio.

Ho conseguito una laurea in Ingegneria Elettronica con indirizzo biomedico e tre Master. Grazie alla mia preparazione tecnica ho trovato subito impiego e per 11 anni ho lavorato come Project Manager presso un'importante multinazionale nel campo della Difesa. Avevo un ruolo ambito da tutti, per molti il punto di arrivo di una vita di studi e di sacrifici, eppure sentivo dentro di me che qualcosa non andava. Capivo che non era quello il mio destino. Avete presente il famoso progetto dell'Anima? Quel progetto per cui siamo arrivati su questo magnifico pianeta? Di certo non lo stavo portando a termine.

Ho visto le scelte che avevano fatto i miei amici, ben incastrati nella finzione che chiamiamo vita. Appena trovato lavoro, subito una casa in affitto (perché la Libertà è importante), subito a trovarsi un compagno o una compagna (perché da soli non si può stare), subito a sposarsi (perché è un cartellino che deve essere timbrato), subito a comprare casa con un mutuo di 30 anni (perché la casa è un bene sicuro). Per carità, rispetto le scelte di ciascuno. Ma sono davvero scelte fatte in maniera consapevole? Non è strano che tutti fanno le stesse scelte quando arrivano a momenti particolari della propria vita? Mi sembra strano, non giudico ma qualcosa non mi tornava. Perciò, un bel giorno, sono andato dal capo del personale e mi sono licenziato.

A raccontarla così sembra facile, sembra il classico colpo di testa. In realtà questa scelta è stata il frutto di anni di pensieri. Ho valutato il mio stile di vita, quanti soldi spendevo, quanti soldi avevo da parte e quanto tempo sarebbero durati. Perché è bella l'idea di cambiare vita, ma è meglio farlo con un minimo di preparazione. Il rischio di incasinarsi la vita ancora di più è sempre dietro l'angolo. In fin dei conti se tutto il giorno pianificavo il lavoro degli altri, perché non farlo per il mio futuro? È vero che quando ho dato una svolta ancora non sapevo cosa avrei fatto, ma avevo messo da parte una somma sufficiente per avere qualche anno di autonomia (ma non sufficiente per arrivare fino alla pensione). Naturalmente non è possibile pensare a tutto, e il futuro che avevo immaginato ha preso una piega diversa. Ma solo dopo ne ho capito il motivo. Era un progetto mentale e non del cuore. E l'universo la mente proprio non la sente.

Nel frattempo avevo predisposto la mia vita per non avere pesi che mi avrebbero fatto da zavorra. Quindi ho lasciato il lavoro e mi sono trasferito qualche mese nell'isola di Bali, un'isola magica nell'Oceano Pacifico in cui sono successe tante cose e che ha dato nuova energia al mio cambiamento.

Come mai ho deciso di andare a Bali e non un altro posto? La mia intenzione era di andare un po' di tempo fuori dall'Italia, cambiare luogo, cambiare energia, cambiare persone con cui interagire. Amo il sole, il caldo e il mare. Quindi ho preso l'atlante e ho tracciato due linee a pochi centimetri dall'equatore. Una sopra e una sotto. Volevo un luogo dove fosse sempre estate, ma ero indeciso dove andare. Avevo preso qualche libro sul Costa Rica dove molti italiani si sono trasferiti ma non ne ero troppo convinto. Poi un giorno mi è capitato tra le mani, per caso (ma nulla è a caso), un articolo di una ragazza che raccontava la sua storia. Questa ragazza lavorava per MTV ed era andata, insieme al ragazzo, a passare le vacanze a Bali dove si era trovata molto bene. Tornata in Italia la sua vita viene stravolta. Il ragazzo con cui si doveva sposare la lascia, rimane senza casa e viene licenziata dal lavoro. Non sapendo dove andare, e non avendo più nulla da perdere, decise di trasferirsi a Bali dove ha iniziato una nuova vita. Una vita lontana dallo stress, lontana dai bisogni materiali e lontana dalle nostre false sicurezze. Aveva finalmente iniziato a vivere.

Il suo racconto mi ha toccato l'anima e sono andato a Bali proprio per vivere anche io quell'energia magica di quell'isola. Devo confessare che passare sei mesi in costume e infradito, a fare yoga e a cavalcare le onde sulla tavola da surf, regala una sensazione di libertà che non si riesce a provare nella nostra vita quotidiana tutta scaglionata da scadenze e appuntamenti.

Tornato in Italia mi sono avvicinato al mondo definito "Olistico" ed è da qui che inizia la mia nuova vita. Devo ringraziare la persona che ho incontrato e che è diventata la mia Maestra, la dott.ssa Giusy Tropea (Saryta), che mi ha accompagnato nella mia crescita, dato preziosi consigli e insegnato molte cose. Insieme abbiamo, in seguito, fondato l'Accademia Villa Matrix, una scuola olistica, vicino Roma, di crescita personale in cui proponiamo i nostri corsi, eventi ed appuntamenti. Un luogo aperto a tutti, un luogo in cui si respira la parola Amore, con la "A" maiuscola.

Interessante è il modo in cui ho conosciuto Saryta. Ero affascinato dal mondo dei massaggi e volevo seguire qualche corso per imparare e farli. Ovviamente dovevo distinguermi dagli altri, non potevo fare un massaggio "normale" e così ho deciso di imparare il massaggio Tantra, un massaggio molto sensuale che purtroppo in occidente non è compreso nella sua vera natura. Il Tantra viene associato solo al lato sessuale, mentre, se andiamo a studiare il suo vero messaggio, possiamo apprendere che il Tantra è una filosofia di vita che rende sacro il profano e che onora la donna per la dea che rappresenta. Nel Tantra si parla di sensualità per il semplice fatto che gli antichi maestri avevano scoperto che quella è l'energia più potente che abbiamo e che è un peccato sprecarla o abusarne. Questo non vuol dire che deve essere chiusa in un cassetto o fare finta che non esista, perché il rischio è che prima o poi ritorna in superficie con effetti inaspettati. Invece, sarebbe utile conoscerla, imparare a gestirla ed utilizzarla per la nostra crescita ed evoluzione. Il Tantra permette tutto questo.

A questo punto dovevo scegliere un posto dove fare il corso e alla fine la scelta è ricaduta sul centro massaggi che aveva Saryta. Ho seguito il corso, sono diventato un operatore tantrico ma quello è stato solo l'inizio. Ho dovuto studiare molto per introdurmi in questo nuovo mondo che non conoscevo e per questo motivo ho seguito tantissimi corsi. Oltre ad essere un Maestro Tantrico sono diventato Istruttore di Hatha Yoga ed esperto in meditazione Mindfulness. Ho imparato a suonare antichi strumenti sciamanici come il didjeridoo, le campane di cristallo, il gong e il tamburo sciamanico per svolgere il "Bagno Sonoro".

Il "Bagno Sonoro" è una meditazione in cui le persone sono sdraiate su un tappetino e noi suoniamo vari strumenti. Le persone sono "massaggiate" dalle vibrazioni prodotte dal suono e ne ricevono tutti i benefici tra cui un rilassamento fisico e mentale, sblocco di alcune tensioni emotive e abbassamento del livello di stress. Alcune persone hanno risolto i loro problemi di insonnia nel giro di qualche seduta.

Nel frattempo ho approfondito la parte dei trattamenti energetici per il benessere della persona. Secondo le più antiche discipline tutto intorno a noi è energia e anche noi siamo fatti di energia. In realtà tutte le nostre patologie nascono sempre da uno squilibrio energetico e la vera prevenzione è proprio agire su questo aspetto del nostro essere. Ho scoperto, e provato su me stesso, che questo è il vero benessere. Ho così frequentato corsi di Radiestesia e Radionica, scienze al limite del magico che utilizzano il potere dell'energia per effettuare diagnosi e trattamenti. Poi mi sono specializzato nelle "Piramidologia", ossia l'utilizzo della piramide da meditazione per effettuare il riequilibrio energetico della persona. Oggi nei laboratori dell'Accademia Villa Matrix costruisco con le mie mani strumenti radionici per le diagnosi e i trattamenti energetici come il Pendolo Ptah e la Genesa Crystal.

Molto interessante è anche il mondo dello sciamanesimo. Riguardo questo aspetto ci occupiamo di incontri per il recupero di parti di Anima perduti e di viaggi sciamanici per trovare il tuo animale di potere. Ho imparato a costruire il tamburo sciamanico e adesso propongo corsi per costruire il proprio tamburo e imparare a suonarlo.

Qualche anno fa sono entrato nel fantastico mondo del golf. Un incontro fortuito, ma ormai ho compreso che il caso non esiste e tutto quello che ci capita è necessario e utile per la nostra crescita.

Vicino alla sede dell'Accademia Villa Matrix c'è il Mare di Roma Golf Club e, proprio grazie alla comodità, ho deciso di provare a giocare a golf. È stato un amore a prima vista. Uno sport a contatto con la natura tutto l'anno e soprattutto uno sport in cui la gestione del proprio corpo è un elemento fondamentale per ottenere buoni risultati. Ho trovato subito molti punti di collegamento con lo Yoga che insegnavo e ho avuto la percezione che lo Yoga potesse essere un valido supporto alla preparazione atletica del golfista.

Non essendo contento delle mie continue ricerche, sono approdato al Kemetic Yoga. Conseguire la certificazione di Kemetic Yoga Teacher nel metodo Yoga Skill sotto la guida di Yirser Ra Hotep è stato un passo fondamentale nella mia evoluzione come insegnante e praticante.

Di cose da raccontare ne ho davvero tante e credo di aver appreso di più in questi pochi anni che non in tutta la vita passata sui libri di scuola. Ho raccontato la mia storia per infondere coraggio a tutti. Possiamo uscire, per quanto possibile, da questo sistema in cui siamo solo numeri che devono andare nei negozi per spendere, perché il PIL è importante e se non spendi lui non cresce, e se non cresce perdi il lavoro, la casa e la pensione. Questo è il sistema basato sulla paura in cui viviamo. Ma cambiare si può. Possiamo cambiare le nostre vite in profondità. Possiamo aprire gli occhi la mattina e dedicare le nostre energie al progetto della nostra Anima. È questa l'unica cosa che conta veramente.

È questo il motivo per cui la nostra energia è arrivata sulla Terra.